Spaghetti

Linguine, Bavette, Tagliatelle, ... *mit den beliebtesten Soßen*

Licia Cagnoni

Spaghetti

Linguine, Bavette, Tagliatelle, ... *mit den beliebtesten Soßen*

EDITION XXL

Inhalt

Spaghetti – meine Liebe	**6**
Eine italienische Geschichte	9
Utensilien	14
Meine Soßen	17
Meine Rezepte	**26**
Register	**142**

Spaghetti
– meine Liebe

al dente gekocht, mit schlichten Zutaten, ein Pastagericht um Mitternacht, mit Knoblauch, Öl und ...

Eine *italienische* Geschichte

„Maccaroni! Sie haben mich provoziert, da hab' ich sie verputzt!"
Alberto Sordi in *Ein Amerikaner in Rom*

Wer erinnert sich nicht an die unvergessliche Szene mit Alberto Sordi in dem Film *Ein Amerikaner in Rom*, in der er sich über einen Riesenteller Spaghetti hermacht? Wer muss nicht lächeln, wenn er an Totò denkt, der in *Die verkaufte Unschuld* die Spaghetti mit Tomatensoße mit Heißhunger verschlingt und sich den Rest in die Jackentaschen stopft? Für uns Italiener sind Spaghetti sehr viel mehr als nur ein typisches Gericht, sie sind Teil unserer kollektiven Erinnerung, nicht nur der gastronomischen, denn sie sind direkt mit der kulturellen Geschichte unseres Landes verknüpft.

Mit der Entscheidung, den Spaghetti und ihren vielen Varianten sowie den sie begleitenden Soßen ein eigenes Kochbuch zu widmen, wollte ich einem der beliebtesten und bekanntesten Symbole der italienischen Küche und Kultur ein Denkmal setzen.

Die Vielfalt der Pasta

Man kennt in Italien mindestens 300 Arten von Nudeln, die sich durch ihren Teig – entweder mit Wasser und Hartweizengrieß oder mit Mehl und Eiern zubereitet – und durch ihre Form unterscheiden. Diese Vielfalt zeugt nicht nur von einer blühenden Fantasie, sie wirkt sich auch direkt auf den Geschmack aus, denn die Form der Nudel bestimmt die Art der Verbindung, die Pasta und Soße miteinander eingehen können.

Jede Formvariante erzeugt einen anderen Geschmackseindruck. Im Allgemeinen lieben lange Hartweizennudel flüssige Soßen auf der Basis von Tomaten, angereichert mit Fisch und Meeresfrüchten. Für ein optimales Zusammenspiel zwischen allen Zutaten gießt man die Nudeln ab, noch ehe sie die richtige Bissfestigkeit erlangt haben. Man gibt sie dann unverzüglich in den Topf oder in die Pfanne mit der Soße, schwenkt sie darin gründlich durch und lässt sie erst dabei „al dente" werden.

Im Rezeptteil dieses Buches finden sich aber auch kompaktere Soßen auf der Basis von Fleisch und Gemüse, die ebenfalls sehr gut zu Spaghetti, Bigoli und Bucatini passen.

Eine gute Hartweizennudel gart immer gleichmäßig.
*Eine Nudel minderer Qualität hingegen gart nur äußerlich,
bleibt innen aber roh.*

Lange Nudeln

Unter den langen Nudeln sind die runden, kompakten **Spaghetti** – übersetzt heißen sie einfach „Bindfäden" – zweifelsohne die berühmtesten. Man kennt sie bereits sei 1244 und es gibt sie in vielen Varianten: als besonders dünne **Spaghettini** oder dickere **Spaghettoni**, als spiralig gedrehte **Fusilli lunghi** oder besonders dünne **Vermicelli**, nicht zu vergessen regionale Varianten wie **Bigoli** und **Pici** (die man gegebenenfalls durch Spaghetti ersetzen kann).

Eine Besonderheit sind die **Spaghetti alla chitarra**. Aus Eiernudelteig zubereitet, werden sie auf einem speziellen Gerät (der „Gitarre", einem mit Drähten bespannten Holzrahmen) geschnitten. Sie passen vor allem zu Soßen mit Fleisch, Käse und Fisch.

Linguine, Bavette und **Reginette** sind schmale oder breitere flache Nudeln, die man üblicherweise zu Soßen mit Fisch oder Krustentieren sowie zu verschiedenen Sorten von Pesto reicht.

Ebenfalls sehr beliebt sind die an dicke Spaghetti erinnernden **Bucatini**, die aber in der Mitte hohl sind. Klassisch ist die Kombination mit dem scharfen Sugo all'amatriciana, doch passen auch andere Soßen mit kräftigem Geschmack, die flüssig genug sind, um in die dünne Öffnung der Nudel eindringen zu können.

Woran erkennt man eine gute Pasta?

Die Zutaten des Grundteigs und seine Herstellungsart entscheiden über die Qualität der Pasta. Der Protein- und der Glutengehalt des Hartweizenmehls sowie das Mischungsverhältnis mit Wasser sind ebenso wichtig wie die Knetdauer und die Art der Trocknung. An folgenden Merkmalen erkennt man eine gute Pasta:

● **Die Farbe:** Die getrocknete Nudel muss absolut gleichmäßig und klar gefärbt sein; sie darf nicht fleckig wirken und auch keine Risse aufweisen. Eine reine Hartweizennudel sollte hellgelb, niemals zu dunkel sein. Ein „wie geröstet" wirkender Farbton könnte auf einen Zusatz von Weichweizen hindeuten oder darauf, dass die Pasta bei zu großer Hitze übereilt getrocknet wurde. Gute Pasta bricht mit sauberer Kante und erzeugt dabei einen klaren, trockenen Ton.

Eine italienische Geschichte

● **Das Kochwasser:** Der Schaum, der sich bildet, während die Pasta kocht, muss kein Zeichen schlechter Qualität sein; meist sind es einfach aufsteigende Luftblasen. Üblicherweise aber erzeugt gute Pasta weniger Schaum. Das Wasser der gekochten Pasta sollte möglichst klar sein. Je trüber es ist, desto mehr Stärke hat sich aus dem Nudelteig gelöst – ein Zeichen für eine mindere Mischung des verwendeten Weizens.

Das Geheimnis der perfekt gekochten Nudel

Eine hervorragende Nudelqualität allein genügt jedoch noch nicht, man muss beim Kochen auch ein paar wichtige Grundregeln beachten:

● Man braucht mindestens 1 Liter kochendes Wasser auf je 100 Gramm Pasta, außerdem einen **großen** und **hohen Topf**. Das gewährleistet eine gleichbleibende Wassertemperatur und die Nudeln kleben nicht aneinander.

● Erst **wenn das Wasser kocht** (auf keinen Fall schon vorher), Salz zugeben (etwa 10 Gramm oder 1 Teelöffel auf je 100 Gramm Pasta) und das Wasser durchrühren.

● Die Nudeln immer in das sprudelnd kochende Salzwasser geben. Gerade lange Nudeln **aufrecht am Stück**, wie ein Bündel Mikadostäbe, ins Wasser stellen und auseinanderfallen lassen, **nie in Stücke brechen**. Geformte Nudeln (wie Fusilli) sofort mit einem Holzkochlöffel durchrühren und trennen, geradrandige Nudeln in dem Maße, wie sie weich werden, langsam ganz ins Wasser schieben und dann erst rühren, damit sie nicht verkleben.

● Zur **Verkürzung der Kochzeit** die Nudeln etwa 5 Minuten sprudelnd kochen lassen, dann abgießen und in die vorbereitete Soße geben. Diese eventuell mit etwas Nudelkochwasser oder passender Brühe verdünnen und die Nudeln darin zu Ende garen. Statt das Kochwasser auf dem Herd zu erhitzen, kann man es auch in der Mikrowelle (4 Minuten bei maximaler Leistung) zum Kochen bringen.

● Die **bissfest** (al dente) gekochte Pasta abgießen. Sie schmeckt so am besten und ist am bekömmlichsten. Da jede Nudelart ihre eigene Kochzeit hat, ermittelt man den richtigen Zeitpunkt durch **Probieren**. Oder man entnimmt eine Nudel und teilt sie. Ist sie im Kern noch weiß, die Kochzeit um etwa 1 Minute verlängern. Beim Abgießen immer etwas vom Kochwasser zurückbehalten, um es gegebenenfalls zur Soße geben zu können.

● Die abgegossenen Nudeln in eine **vorgewärmte Schüssel** füllen, mit der Soße übergießen und vermischen. Sieht das Rezept vor, dass man die Nudeln **in der Soße** im Topf oder in der Pfanne durchschwenkt, gießt man sie ab, ehe sie völlig gar sind.

● Die gekochte Pasta **nicht kalt abbrausen**, denn sie verliert dadurch den sie umgebenden **Stärkemantel**, der dazu dient, die Soße besser zu halten. Eine Ausnahme sind Nudeln, zu denen man bestimmte Buttersoßen reicht oder die man kalt an Salate gibt.

Utensilien

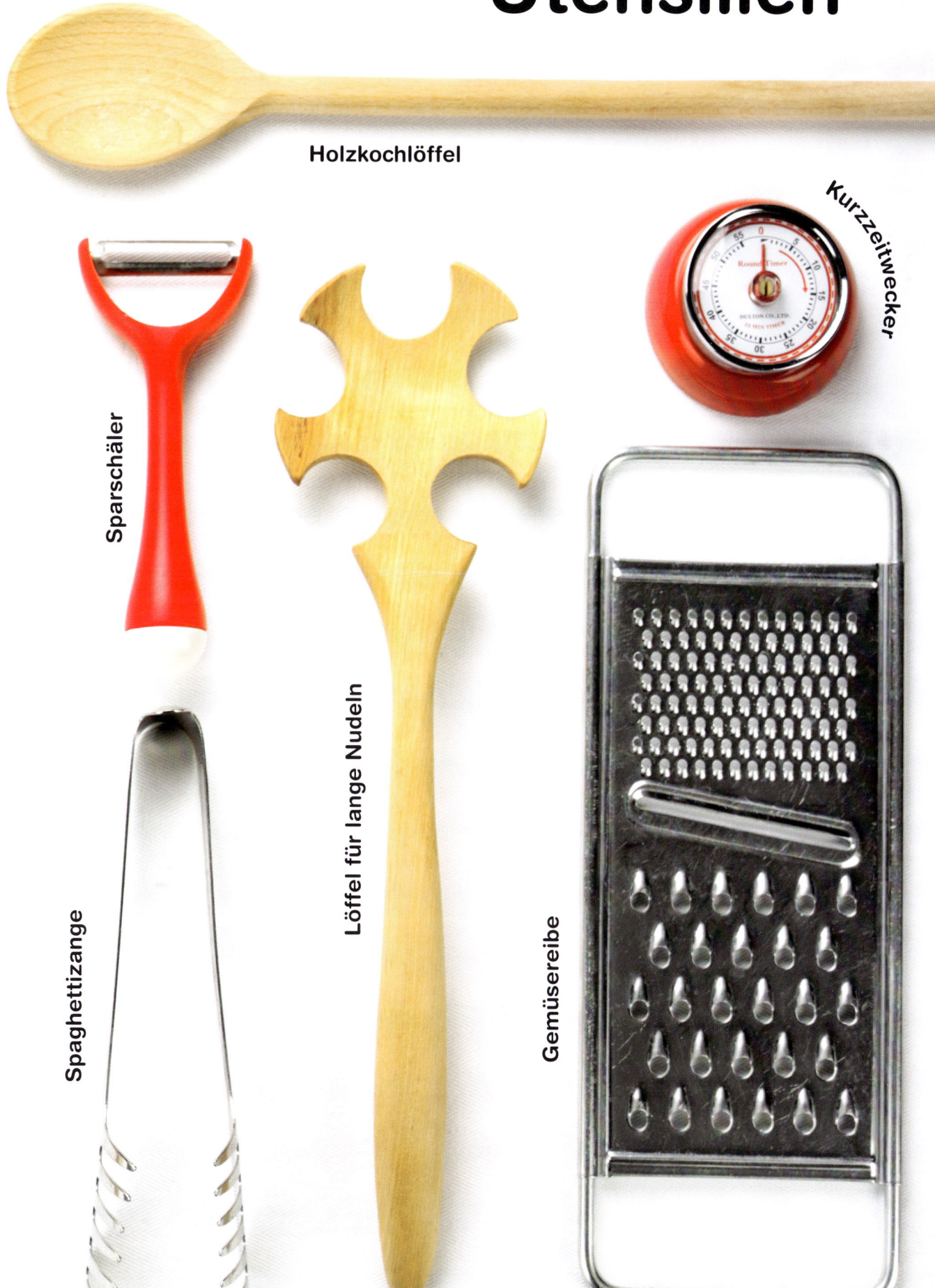

Meine Soßen

Leckere Soßenideen für ein Spaghettiessen mit Freunden, ein improvisiertes Essen für Überraschungsgäste, ein gemütliches Mittagessen mit der Familie …

Nudeln ohne Soße sind wie ein Nachthimmel ohne Sterne. Sei es eine schlichte Soße aus Olivenöl, Knoblauch und Chilischoten oder eine Soße mit Fisch, Fleisch oder Gemüse – wichtig ist immer, dass die Nudeln so zubereitetet sind, dass sie ganz vom Geschmack der Soße umschlossen sind. Zunächst ein Rezept für eine Grundsoße, die zu den beliebtesten und bekanntesten gehört: die **Tomatensoße**.

- ½ Karotte – **1** Stange Staudensellerie – ½ Zwiebel – **2–3 EL** natives Olivenöl extra – **200 g** passierte Tomaten (Dose) – **5** Basilikumblätter – Salz

Die Karotte schaben, den Sellerie abziehen, die Zwiebel schälen. Alle Gemüsesorten sehr klein schneiden und in dem Öl 3–4 Minuten anbraten. Die passierten Tomaten dazugeben und etwa 10 Minuten bei schwacher Hitze köcheln, dabei etwas einkochen lassen. Das in Streifen geschnittene Basilikum hinzufügen und mit Salz abschmecken.

Gibt man während des Kochens eine Prise Zucker an die Soße, mildert man die Säure der Tomaten. Statt der passierten kann man auch stückige Tomaten aus der Dose nehmen. Wer es sich ganz leicht machen möchte, schneidet das Gemüse in grobe Stücke und püriert die fertige Soße im Mixer.

Knoblauch, Öl und …

Es gibt ein paar unverzichtbare Grundzutaten, die man immer zur Hand haben sollte, um rasch eine feine Soße zubereiten zu können. Dazu gehören beispielsweise: ein gutes natives Olivenöl, Knoblauch, geschälte stückige oder passierte Tomaten in der Dose, geschnittenes Suppengemüse (als TK-Ware), Petersilie und/oder Basilikum, sonnengetrocknete Tomaten, Sardellenfilets in Öl oder Salz, Kapern, Nüsse (Walnüsse, Mandeln und Pinienkerne), Parmesan, Pecorino, Thunfisch oder Krabben in der Dose sowie roher Schinken oder geräucherter Schinkenspeck.

Hier noch ein paar **Ideen und Ratschläge für ein rasch improvisiertes Spaghettiessen**:

- Geben Sie den **Knoblauch** nicht fein gehackt an das Gemüse, das Sie als Grundlage einer Soße anbraten. Drücken Sie vielmehr die ungeschälte Zehe mit der Messerklinge platt; so verbrennt der Knoblauch nicht so leicht.

- Legen Sie die **Zwiebel** vor dem Schälen eine halbe Stunde in kaltes Wasser. Schälen und schneiden Sie sie dann nahe beim geöffneten Küchenfenster, so vermeiden Sie allzu starken Tränenfluss bei der Arbeit.

- Sie wollen **Spaghetti mit Butter und Parmesan** zubereiten, entdecken aber erst im letzten Moment, dass Sie keine Butter im Haus haben? Erhitzen Sie 60 Milliliter Milch je 100 Gramm Pasta (nicht kochen lassen!). Schwenken Sie die gegarten, abgegossenen Spaghetti in der Milch und bestreuen Sie sie anschließend besonders großzügig mit Parmesan.

- Für eine **Express-Soße** Olivenöl erhitzen und grob gehackten Knoblauch, klein geschnittene, in Öl eingelegte getrocknete Tomaten und ein paar Sardellenfilets darin angehen lassen.

- Um die **Kochzeit des Gemüses** (Karotte, Staudensellerie, Paprika) für eine Soße zu reduzieren, können Sie das klein geschnittene Gemüse 3–5 Minuten vor Ende der Kochzeit der Nudeln in das Nudelwasser geben. Richten Sie die abgegossenen Nudeln und das Gemüse dann mit erhitztem **aromatisiertem Olivenöl**, Knoblauch und Kräutern nach Geschmack an.

- Eine schnelle, frische **Sommersoße**: 4–5 feste, sehr aromatische rohe Tomaten im Mixer zusammen mit Basilikum und etwas Olivenöl pürieren. Danach salzen und pfeffern und die frisch gekochten Spaghetti darin schwenken.

- Für eine **delikate 1-Minuten-Soße** die Blätter von 2 Bund Basilikum (oder je 1 Bund Basilikum und Petersilie) sowie die Nadeln von 1 Rosmarinzweig, 2 Knoblauchzehen, 3–4 EL geriebenen Parmesan mit einem großen Schuss Olivenöl im Mixer pürieren. Die Soße nach Bedarf mit etwas Nudelkochwasser verflüssigen.

- Wer es **pikant** mag, bereitet eine Soße aus **Radicchio und Gorgonzola** zu: Einen in feine Streifen geschnittenen Kopf Radicchio mit einer zerdrückten Knoblauchzehe (siehe oben) in etwas Olivenöl in einer tiefen Pfanne angehen lassen. In einem Topf etwas Milch erhitzen und 150 g Gorgonzola unter Rühren darin schmelzen lassen, dann zum Radicchio (Knoblauch vorher entfernen) geben, umrühren, salzen und die gegarten Nudeln darin 1 Minute gründlich durchschwenken.

- Für eine **frische Tomatensoße** als ideale Ergänzung von **Vermicelli** oder **Bucatini** braucht man die Spezialität **Bottarga** (getrockneter Meeräschenrogen): 200 g halbierte Kirschtomaten in eine Schale legen, mit gehacktem frischem Basilikum, 1 zerdrückten Knoblauchzehe und 4 EL Olivenöl bedeckt marinieren lassen. Die gegarten Nudeln mit den Tomaten mischen, 30 g Bottarga darüberhobeln und mit etwas gehackter Petersilie abrunden.

Meine Soßen

1 Pikante Tomatensoße

1 große rote Chilischote – 1 Knoblauchzehe – 4 EL natives Olivenöl extra – 300 g passierte Tomaten (Dose) – 1 TL Zucker – Salz und Pfeffer

Die gewaschene Chilischote halbieren, die Kerne auskratzen und das Fruchtfleisch fein schneiden. Die ungeschälte Knoblauchzehe mit der Messerklinge platt drücken. Das Öl in einer tiefen Pfanne erhitzen, Chilischote und Knoblauch darin anbraten. Die passierten Tomaten hinzufügen und 10 Minuten köcheln lassen, mit Zucker, Salz und Pfeffer abschmecken. Den Knoblauch entfernen und die Soße im Mixer pürieren. Sie passt zu Spaghettoni, Vermicelli und Vollkorn-Spaghetti.

2 Mittelmeersoße

2 reife Tomaten – 5–6 in Salz eingelegte Kapern – 7–8 große Basilikumblätter – ½ Knoblauchzehe – 3 EL natives Olivenöl extra – Salz und Pfeffer

Die Tomaten an der Unterseite kreuzweise einschneiden, 20 Sekunden in kochendes Wasser tauchen, dann die Haut abziehen. Die gehäuteten Tomaten klein schneiden und in einen Mixer füllen. Die Kapern abwaschen, zusammen mit dem Basilikum und der Knoblauchzehe ebenfalls in den Mixer geben und mit dem Öl zu einer homogenen Masse pürieren. Mit Salz und Pfeffer abschmecken. Die Soße passt zu Bigoli, Pici, Spaghettoni und Spaghetti alla chitarra (Eiernudelspaghetti).

3 Soße mit Lachs und Zucchini

2 kleine Zucchini – 1 Schalotte – 150 g Räucherlachs – 2 EL natives Olivenöl extra – weißer Pfeffer – 1 TL weiße Sesamsamen – gehackte Petersilie

Die gewaschenen Zucchini in kleine Würfel schneiden (bekommt man Zucchini mit Blüten, diese ebenfalls klein schneiden). Die Schalotte pellen und würfeln, den Räucherlachs fein zerzupfen. Das Öl in einer tiefen Pfanne erhitzen, Zucchini- und Schalottenwürfel darin kurz angehen lassen. Den Lachs dazugeben, gut durchschwenken und 3 Minuten garen lassen; mit weißem Pfeffer abschmecken. Nebenher in einer beschichteten Pfanne den Sesam ohne Öl vorsichtig anrösten. Die Lachssoße in eine Schale geben, mit dem gerösteten Sesam und etwas gehackter Petersilie bestreuen. Diese Soße passt zu Spaghettini, Bavette und Linguine.

4 Pesto alla genovese

35–40 mittelgroße Basilikumblätter – 3 Knoblauchzehen – grobes Salz – 2 EL geriebener Pecorino – 2 EL geriebener Parmesan – 8 EL natives Olivenöl extra

Die gewaschenen, gut abgetrockneten Basilikumblätter mit dem geschälten, grob zerschnittenen Knoblauch und dem groben Salz in einen großen Mörser geben und mit dem Stößel sorgfältig zu einer breiartigen Paste verreiben. Ist diese Konsistenz erreicht, die geriebenen Käse einarbeiten. Dann in dünnem Faden das Öl einlaufen lassen und dabei weiter mit dem Stößel arbeiten, bis eine Creme entstanden ist. Statt 3 Knoblauchzehen kann man auch nur 2 nehmen und zusätzlich 1 EL gehackte Pinienkerne einarbeiten.

Meine Soßen

Meine Soßen

5 Bologneser Soße

je 50 g Karotte, Staudensellerie und Zwiebel – **80 g** geräucherter Bauchspeck – **50 g** Butter – **200 g** gemischtes Hackfleisch – **125 ml** Rotwein – **1 EL** Tomatenmark – **400 ml** Gemüsebrühe – **250 g** Tomaten (vorzugsweise San Marzano, frisch oder Dosenware) – Salz und Pfeffer

Karotte, Staudensellerie, Zwiebel und Bauchspeck in kleine Würfel schneiden und zusammen in der Butter in einer tiefen Pfanne etwa 10 Minuten anrösten. Das Hackfleisch dazugeben und Farbe nehmen lassen. Mit dem Rotwein ablöschen. Das Tomatenmark in der Brühe auflösen und diese nach und nach zugießen; etwa 1 Stunde köcheln lassen. Die Tomaten (frische vorher häuten und entkernen) etwa 15 Minuten vor Ende der Kochzeit dazugeben, mit Salz und Pfeffer abschmecken. Eine klassische Fleischsoße zu Spaghetti.

6 Soße mit Brokkoli und geraffeltem Hartkäse

500 g frischer Brokkoli – **2** Knoblauchzehen – **1** kleine rote Chilischote – **3 EL** natives Olivenöl extra – **150 g** grob geraffelter Hartkäse (vorzugsweise reifer gesalzener Ricotta) – Salz und Pfeffer

Den Brokkoli putzen und waschen. Die abgetrennten Röschen 1 Minute in kochendem Salzwasser blanchieren, in einer Schüssel mit Eiswasser abkühlen, dann sehr grob hacken. Den Knoblauch in Scheiben, die Chilischote in feine Ringe schneiden und zusammen in einer tiefen Pfanne im Öl anbraten. Den Brokkoli in die Pfanne geben und 5 Minuten mitgaren (Deckel auflegen). Vorsichtig den Hartkäse untermischen, mit Salz und Pfeffer abschmecken. Die Soße passt zu Vollkorn-Spaghetti, Spaghettini und Bigoli.

7 Rucola-Pesto

100 g Rucola – **1 EL** Pinienkerne – **4 EL** natives Olivenöl extra – Salz

Den Rucola waschen, gut trocknen und in einen Mixer geben. Die Pinienkerne in einer beschichteten Pfanne leicht anrösten, zum Rucola geben und das Ganze mit dem Öl zu einer groben Paste (Pulstaste) verarbeiten. Mit Salz abschmecken. Ideal zu Spaghetti und Spaghetti alla chitarra (Eiernudelspaghetti).

8 Pilzsoße mit Meeresfrüchten

10 Miesmuscheln – **20** Herz- oder Venusmuscheln – **1** mittelgroßer Tintenfisch – **6–8** Garnelenschwänze – **200 g** gemischte Pilze – **2** Knoblauchzehen – **½** rote Chilischote – **4 EL** natives Olivenöl extra – Salz und Pfeffer – gehackte Petersilie

Alle Meeresfrüchte gründlich waschen und küchenfertig vorbereiten. Die Pilze putzen und in mundgerechte Stücke schneiden. Die tropfnassen Muscheln mit dem Knoblauch und der Chilischote in einen großen Topf geben und bei geschlossenem Deckel garen, bis sie sich geöffnet haben. Den in Ringe geschnittenen Tintenfisch und die aus der Schale gelösten, entdarmten Garnelenschwänze in der Hälfte des Öls anbraten. Die Pilze in einer anderen Pfanne im restlichen Öl braten. Die gegarten Muscheln abgießen, dabei die Kochflüssigkeit auffangen und filtern. Muscheln und Kochflüssigkeit zu Tintenfisch und Garnelen geben, zuletzt die Pilze untermischen. Mit Salz und Pfeffer abschmecken, mit Petersilie bestreut als Soße zu Spaghettini, Bavette oder Linguine reichen.

9

Birnen-Gorgonzola-Soße

1 Schalotte – 30 g Butter – 2 reife, feste Birnen – ½ Tasse Vollmilch – 150 g Gorgonzola – Muskatnuss – Salz und Pfeffer

Die fein geschnittene Schalotte in der Butter glasig dünsten. Die gewaschenen Birnen in kleine Stücke schneiden, dazugeben und etwa 3 Minuten sanft köcheln lassen. In einem Topf die Milch erhitzen und den Gorgonzola darin schmelzen lassen (nicht kochen, der Käse gerinnt sonst), dann zu den Birnen geben. Die Soße mit frisch geriebener Muskatnuss, Salz und Pfeffer abschmecken und zu Spaghetti alla chitarra (Eiernudelspaghetti), Bigoli oder Pici reichen.

10

Nusssoße

250 g Walnüsse – 2 Scheiben entrindetes Weißbrot – 2 Knoblauchzehen – 50 g Pinienkerne – 3 EL süße Sahne – 3 EL natives Olivenöl extra – Majoran – Salz

Die Walnüsse mit kochendem Wasser überbrühen, abtropfen lassen und auf ein sauberes Handtuch geben. In dem Handtuch kräftig reiben, um die braune Außenhaut zu entfernen. Das Weißbrot in etwas Wasser einweichen. Nüsse, geschälte Knoblauchzehen, Pinienkerne und das ausgedrückte Weißbrot im Mixer zu einer glatten Paste pürieren. Die Masse in eine Schüssel geben, mit Sahne und Öl verrühren, zum Schluss mit Majoran und Salz abschmecken.

11

Rote Paprikasoße

1 große rote Paprikaschote – 5 EL natives Olivenöl extra – 1 EL frischer Ricotta oder Sahnequark – Salz und weißer Pfeffer

Den Backofen auf 190 °C vorheizen. Die Paprikaschote waschen, halbieren und die Kerne entfernen. Die halbierten Schoten mit der Öffnung nach unten auf ein Backblech legen, die Oberseite mit etwas Öl einpinseln und im Ofen rösten, bis die Haut Blasen zu werfen beginnt (etwa 20 Minuten). Die Schoten häuten, das Fruchtfleisch in den Mixer geben und mit dem restlichen Öl, dem Ricotta oder Quark zu einer glatten Creme verarbeiten. Mit Salz und weißem Pfeffer abschmecken. Die Soße passt zu Bucatini, Spaghettoni und Spaghetti alla chitarra (Eiernudelspaghetti).

12

Speck und Spargel mit Safran

6–7 Stangen grüner Spargel – 60 g durchwachsener Speck – 1 Schalotte – 1 TL Butter – 2 EL natives Olivenöl extra – etwas Gemüsebrühe – 1 Tütchen Safran – ½ TL Speisestärke – Salz und Pfeffer

Den Spargel soweit nötig schälen und in 1 cm lange Stücke schneiden. Den Speck würfeln. Die Schalotte pellen, würfeln und in Butter und Öl in einer großen Pfanne glasig dünsten. Den Speck hinzufügen und anbraten, dann den Spargel dazugeben und ein wenig Brühe angießen. Mit dem Safran würzen und das Ganze köcheln lassen, bis der Spargel gar ist. Die Speisestärke mit kaltem Wasser anrühren und die Soße damit binden. Mit Salz und Pfeffer abschmecken. Zu Spaghetti, Spaghetti alla chitarra (Eiernudelspaghetti) oder Vermicelli servieren.

Meine Soßen

Meine Rezepte

Die folgenden 57 Rezepte sind für jeweils 3 Personen als Hauptgericht oder für 4 Personen als Vorspeise gedacht.

Scialatielli mit Kürbis, Mascarpone und Nüssen

Vorbereitungszeit **25 Minuten** – Garzeit **25 Minuten** – Schwierigkeitsgrad **einfach**

400 g Scialatielli – 80 g Walnüsse – 1 Schalotte – 4 EL natives Olivenöl extra
300 g Kürbisfleisch – 4 Salbeiblätter
150 g Mascarpone – 3 EL geriebener Parmesan – Salz und Pfeffer

Die Scialatielli in 4 l Salzwasser al dente kochen. Die Walnüsse grob hacken. Die Schalotte fein würfeln und in dem Öl glasig dünsten. Den Kürbis würfeln und zusammen mit dem gehackten Salbei zur Schalotte geben. Bei aufgelegtem Deckel etwa 10 Minuten dünsten, dabei eventuell etwas Wasser oder Brühe zugießen.

Die Hälfte der Kürbismischung im Mixer zusammen mit dem Mascarpone und dem Parmesan pürieren. Kräftig mit Salz und Pfeffer abschmecken.

Die gegarten Scialatielli abgießen und mit dem Kürbis-Püree vermischen. Den restlichen Kürbis und die gehackten Nüsse darübergeben, nochmals gut durchmischen und auf Teller verteilt servieren.

Ein im Holzfass gereifter **Malvasia Istriana** vermählt sich angenehm mit der Süße des Kürbisses und der Milde des Mascarpone. Traditioneller wäre zu diesem Gericht allerdings ein Verduzzo di Ramandolo.

Meine Rezepte

Meine Rezepte

Für den überbackenen Ricotta eine feuerfeste Form mit Backpapier auskleiden. 250 g Ricotta aus der Packung auf das Papier stürzen und rundherum mit 1 verquirltem Ei bestreichen. Salzen und bei 150 °C 60 Minuten im Ofen überbacken, bis der Ricotta goldbraun und fest ist.

Linguine mit Tomaten und überbackenem Ricotta

Vorbereitungszeit **20 Minuten** – Garzeit **20 Minuten** – Schwierigkeitsgrad **einfach**

320 g Linguine – **100 g** sonnengetrocknete Tomaten – **4 EL** natives Olivenöl extra einige Basilikumblätter – **1** Gemüsezwiebel – **200 g** frischer junger Spinat **250 g** überbackener Ricotta

Die Linguine in 3,5 l Salzwasser fast al dente kochen. Die Tomaten 20 Minuten in lauwarmem Wasser einweichen, dann in Streifen schneiden, mit 2 EL Öl und den zerzupften Basilikumblättern marinieren lassen.

Die Gemüsezwiebel in feine Ringe schneiden. Im restlichen Öl in einer tiefen Pfanne bei aufgelegtem Deckel dünsten, bis sie weich sind. Die Tomaten hinzufügen und weitere 5 Minuten schmoren. Die gegarten Linguine abgießen und zusammen mit dem verlesenen Spinat in die Pfanne geben. Alles gut durchschwenken und weitere 2–3 Minuten auf dem Herd lassen.

Den in feine Scheiben geschnittenen überbackenen Ricotta vorsichtig untermischen und das Gericht sofort servieren.

Ein ***Inzolia***, ein sizilianischer Weißwein, stellt eine perfekte Ergänzung zu diesem feinen Nudelgericht mit sonnengetrockneten Tomaten dar.

Vollkorn-Spaghettini mit Zucchini und Mandeln

Vorbereitungszeit **15 Minuten** – Garzeit **10 Minuten** – Schwierigkeitsgrad **einfach**

320 g Vollkorn-Spaghettini – **3** mittelgroße Zucchini – Basilikum
Petersilie – Schnittlauch – **5 EL** natives Olivenöl extra
1 Knoblauchzehe – **80 g** gehäutete Mandeln – **3–4 EL** geriebener Parmesan
Salz und Pfeffer – **2 EL** Mandelblättchen

Die Vollkorn-Spaghettini in 3,5 l Salzwasser al dente kochen. Die Zucchini in kleine Würfel schneiden, die Kräuter hacken. 3 EL Öl erhitzen und die zerdrückte Knoblauchzehe darin angehen lassen, dann die Zucchiniwürfel hinzufügen und anbraten. ½ Tasse Wasser zugießen und die Zucchini bei aufgelegtem Deckel 5 Minuten schmoren lassen.

Die Mandeln mit 150 ml Wasser, dem restlichen Öl und dem Parmesan im Mixer zu einer Paste verarbeiten. Die Kräuter untermischen, kräftig salzen und pfeffern. Die Mandelblättchen in einer beschichteten Pfanne vorsichtig rösten.

Die Vollkorn-Spaghettini abgießen und zu den Zucchini geben. Die Mandelpaste hinzufügen und alles sehr gründlich vermischen. Die Nudeln auf Teller verteilen und mit den Mandelblättchen bestreuen.

Ein **Terlaner**, ein strohgelber, leicht herber Weißwein aus Südtirol, ergänzt den Geschmack der Zucchini und der Mandeln hervorragend.

Meine Rezepte

Meine Rezepte

Wem der reine Gorgonzola zu kräftig im Geschmack ist, kann stattdessen den mit Mascarponeschichten durchsetzten, milderen Dolcelatte verwenden.

Fusilli lunghi mit Gorgonzola und Fenchel

Vorbereitungszeit **15 Minuten** – Garzeit **20 Minuten** – Schwierigkeitsgrad **einfach**

320 g Fusilli lunghi – **1** mittelgroße Fenchelknolle – **3 EL** natives Olivenöl extra
5–6 EL süße Sahne – **250 g** Gorgonzola – Salz und Pfeffer

Die Fusilli lunghi in 3,5 l Salzwasser al dente kochen. Den Fenchel putzen (das zarte Grün aufbewahren), waschen und in kleine Würfel schneiden. Das Öl in einer tiefen Pfanne erhitzen, die Fenchelwürfel darin leicht Farbe nehmen lassen, dann ½ Tasse Wasser angießen, salzen und pfeffern und das Gemüse bei geschlossenem Deckel 10 Minuten garen lassen.

In einem anderen Topf die Sahne erhitzen und den klein geschnittenen Gorgonzola darin schmelzen, aber nicht zum Kochen kommen lassen.

Die Fusilli lunghi abgießen, zum Fenchel geben und gut durchschwenken. Mit der Gorgonzolasoße übergießen, gut vermischen und mit dem gehackten Fenchelgrün bestreut servieren.

Ein ***Tocai Friulano***, ein Weißwein mit ausgeprägt aromatischer Note, ergänzt den kulinarisch schwierigen Fenchel und die pikante Gorgonzolasoße ganz hervorragend.

Kann man die Maccheroni al ferretto – schlanke,
über die ganze Länge offene lange Nudeln –
nicht bekommen, ersetzt man sie durch Bucatini.

Maccheroni al ferretto mit Nussoße und Radicchio

Vorbereitungszeit **20 Minuten** – Garzeit **15 Minuten** – Schwierigkeitsgrad **einfach**

320 g Maccheroni al ferretto – **150 g** Walnüsse – **50 g** entrindetes Weißbrot
6 EL süße Sahne – **½** Knoblauchzehe – **50 g** Staudensellerie
4 EL natives Olivenöl extra – Muskatnuss – Salz und Pfeffer – **1** Radicchio

Die Walnüsse auf einem Backblech verteilen und bei 200 °C ein paar Minuten im Backofen rösten (aufpassen, dass sie nicht verbrennen). Auf ein Küchenhandtuch stürzen und kräftig reiben, um die braunen Häutchen zu entfernen.

Die Maccheroni al ferretto in 3,5 l Salzwasser al dente kochen. Nüsse, Weißbrot, Sahne, Knoblauch und den grob geschnittenen Staudensellerie in den Mixer geben, 2 EL Öl hinzufügen und zu einer glatten Paste verarbeiten. Mit Muskat, Salz und Pfeffer abschmecken.

Den Radicchio in Streifen schneiden, in einer Pfanne im restlichen Öl kurz anbraten und salzen. Die Maccheroni abgießen, gründlich mit der Nussoße vermischen, dann den Radicchio unterheben – sofort servieren.

Ein **Raboso del Piave**, ein jung genossener kräftiger, körperreicher Rotwein, ist die ideale Ergänzung zu dem leicht bitteren Aroma des Radicchios und der Walnüsse.

Meine Rezepte

Meine Rezepte

Wer einen würzigeren Geschmack wünscht, nimmt statt des normalen Ricotta den aus Schafmilch hergestellten Ricotta romana oder einen Ziegenfrischkäse und geriebenen Pecorino.

Spaghettini mit Ricotta, Kräutern und Zitrone

Vorbereitungszeit **5 Minuten** – Garzeit **10 Minuten** – Schwierigkeitsgrad **einfach**

320 g Spaghettini – gemischte Kräuter (z.B. Thymian, Kerbel, Schnittlauch, Basilikum, Majoran)
200 g Ricotta – **3 EL** geriebener Parmesan – **4 EL** natives Olivenöl extra
1 unbehandelte Zitrone – Salz und Pfeffer

Die Spaghettini in 3,5 l Salzwasser al dente kochen. Die verlesenen Kräuter hacken (zusammen etwa 1 Handvoll). In einer Schüssel den Ricotta mit dem Parmesan und dem Öl cremig rühren. Die gehackten Kräuter untermischen und die Schale der Zitrone darüber abreiben. Alles gut verrühren und mit Salz und Pfeffer abschmecken.

Die Spaghettini abgießen, dabei ein wenig vom Kochwasser zurückbehalten und unter die Ricottacreme rühren, um sie geschmeidiger zu machen. Die Creme über die Nudeln geben und gut vermischen.

Die Pasta dekorativ auf Tellern anrichten und sofort servieren. Nach Geschmack weitere Kräuter, Zitronenabrieb, frischen Pfeffer aus der Mühle und Parmesan darüberstreuen.

Ein **Pinot Binaco dell'Alto Adige**, ein Weißburgunder mit leicht bitterer Note und feiner Säure, passt ausgezeichnet zu dieser Ricottacreme mit frischen Kräutern.

Bucatini mit Kartoffeln, Haselnüssen und Safran

Vorbereitungszeit **10 Minuten** – Garzeit **20 Minuten** – Schwierigkeitsgrad **einfach**

280 g Bucatini – 60 g gehäutete Haselnüsse – 400 g festkochende Kartoffeln
2 Schalotten – 40 g Butter – 2 EL natives Olivenöl extra
1 Tütchen Safran – ½ Tasse Gemüsebrühe – 3 EL geriebener Parmesan
Pfeffer – etwas Kerbel

Die Bucatini in 3 l Salzwasser al dente kochen. Die Haselnüsse in einer beschichteten Pfanne leicht anrösten, beiseitestellen. Die Kartoffeln schälen und in gleichmäßige Würfel schneiden. Die gepellte Schalotte würfeln und in Butter und Öl glasig dünsten. Die Kartoffeln dazugeben. Den Safran unter die Gemüsebrühe mischen und die Brühe zu den Kartoffeln gießen. Bei aufgelegtem Deckel 10 Minuten köcheln lassen. Währenddessen die Nüsse grob hacken.

Die Hälfte der Kartoffeln im Mixer pürieren, den Parmesan untermischen und das Püree unter die restlichen Kartoffeln rühren. Mit Pfeffer abschmecken.

Die Bucatini abgießen, zu den Kartoffeln geben, mit den Nüssen bestreuen und alles 1–2 Minuten gut durchmischen. Auf Teller verteilen, mit etwas Kerbel bestreuen und servieren. Nach Geschmack über jede Portion noch einen Faden Olivenöl laufen lassen.

Ein **Lambrusco dei Colli di Parma**, ein leicht moussierender, duftender Rotwein, harmoniert besonders gut mit diesem gern als Vorspeise gereichten milden Nudelgericht.

Meine Rezepte

Meine Rezepte

Gibt man zusätzlich gebratene Hähnchenbrust oder Garnelen zu dem Gericht, erhält man eine sättigende Hauptmahlzeit. Würzt man außerdem mit etwas Curry und gehacktem Cilantro, wird die asiatische Note noch betont. Achtung: Die aus Reismehl hergestellten geraden Nudeln sind nicht mit Glasnudeln zu verwechseln, die aus Sojamehl hergestellt werden.

Reismehlnudeln mit buntem Gemüse

Vorbereitungszeit **15 Minuten** – Garzeit **12 Minuten** – Schwierigkeitsgrad **einfach**

250 g Reismehlnudeln – **1** kleine gelbe Paprikaschote – **1** kleine rote Paprikaschote
2 Karotten – **200 g** Lauch – **80 g** Sojabohnensprossen
5 EL braunes Sesamöl – Salz

Das Gemüse (Paprika, Karotten, Lauch) waschen, putzen und in feine Streifen schneiden. Die Sojabohnensprossen – sofern frisch – gründlich unter fließendem Wasser waschen.

Das Sesamöl in einem Wok oder einer Pfanne erhitzen und das Gemüse unter ständigem Rühren bei starker Hitze darin garen. Salzen und eventuell mit Curry abschmecken.

Die Reismehlnudeln nach Packungsanweisung garen, abgießen und unter das Gemüse mischen. Nochmals mit Salz abschmecken und sofort servieren.

Ein spritziger ***Prosecco di Conegliano e Valdobbiadene***, ein trockener, moussierender norditalienischer Weißwein, ist eine überzeugende Ergänzung dieses asiatisch anmutenden leichten Gerichts.

Spaghetti mit Aubergine und Tomatensoße

Vorbereitungszeit **35 Minuten** – Garzeit **35 Minuten** – Schwierigkeitsgrad **mittel**

350 g Spaghetti – **2** mittelgroße Auberginen – **1** Zwiebel
2 Knoblauchzehen – **5 EL** natives Olivenöl extra
500 g geschälte Tomaten (Dose) – **½ TL** Zucker – **1** Handvoll Basilikumblätter
Salz und Pfeffer – **6 EL** neutrales Speiseöl – **100 g** grob geraffelter Hartkäse

Die Auberginen in Würfel schneiden, in ein Sieb geben, mit Salz bestreuen (es entzieht ihnen das Wasser) und über eine Schüssel gehängt 30 Minuten stehen lassen.

Die Zwiebel schälen und fein würfeln, den Knoblauch zerdrücken. Das Olivenöl erhitzen, Zwiebel und Knoblauch darin glasig dünsten. Die etwas zerkleinerten Tomaten aus der Dose sowie den Zucker und die zerzupften Basilikumblätter dazugeben. Das Ganze salzen und pfeffern und 10 Minuten köcheln lassen.

Die Auberginenwürfel abbrausen und sehr gut trockentupfen. Das neutrale Öl in einer Pfanne erhitzen und die Auberginenwürfel darin rundherum braun braten, dann auf Küchenpapier abtropfen lassen.

Die nebenher in 3,5 l Salzwasser fast al dente gekochten Spaghetti abgießen, zur Tomatensoße geben und 1–2 Minuten durchschwenken. Die Auberginenwürfel hinzufügen, alles nochmals gründlich durchmischen, mit geraffeltem Hartkäse bestreuen und sofort servieren.

 Ein **Etna Bianco**, ein körperreicher sizilianischer Weißwein mit angenehmer Säure, vermählt sich ideal mit dem Geschmack dieses traditionellen Gerichts.

Meine Rezepte

Meine Rezepte

Statt der Spaghetti kann man die gleiche Menge Vermicelli oder Spaghettini nehmen und den Pecorino kann man durch geriebenen Parmesan ersetzen.

Spaghetti mit schwarzen Oliven und Kapern

Vorbereitungszeit **40 Minuten** – Garzeit **20 Minuten** – Schwierigkeitsgrad **mittel**

400 g Spaghetti – **1** Aubergine – **20 g** in Salz eingelegte Kapern
4 in Salz eingelegte Sardellenfilets – **1–2** rote Chilischoten – **500 g** Tomaten
6 EL natives Olivenöl extra – **1** Knoblauchzehe – **40 g** entsteinte schwarze Oliven
Salz und Pfeffer – **4 EL** geriebener Pecorino

Die Aubergine in Würfel schneiden, in ein Sieb geben, mit Salz bestreuen (es entzieht ihr das Wasser) und über eine Schüssel gehängt 30 Minuten stehen lassen. Die Kapern und die Sardellenfilets abspülen und fein hacken. Die Chilischoten aufschlitzen, die Kerne auskratzen, das Fruchtfleisch in sehr feine Streifen schneiden. Die Tomaten achteln, dabei die Kerne und das wässrige Innere entfernen.

Die Spaghetti in 4 l Salzwasser fast al dente kochen. Das Öl in einer tiefen Pfanne erhitzen, die ungeschälte, flach gedrückte Knoblauchzehe darin goldbraun braten, dann entfernen. Die abgebrausten, gut trockengetupften Auberginenwürfel in das Öl geben und rundherum anbraten. Die Tomatenachtel, Kapern, Sardellen, Chilischote und Oliven dazugeben und einige Minuten garen. Mit Salz und Pfeffer abschmecken.

Die Spaghetti abgießen und zu der Soße in der Pfanne geben. Alles 1–2 Minuten durchschwenken, auf Teller verteilen und sofort servieren. Geriebenen Pecorino dazu reichen.

Der **Carricante**, ein seit alter Zeit in Sizilien angebauter Rotwein, passt hervorragend zu diesem schmackhaften sizilianischen Traditionsgericht.

In Neapel, der Heimat dieses Gerichts, verwendet man dafür jungen, frischen, „friarielli" genannten Brokkoli mit kleinen, zarten Röschen.

Spaghetti mit jungen Brokkoliröschen

Vorbereitungszeit **10 Minuten** – Garzeit **20 Minuten** – Schwierigkeitsgrad **einfach**

360 g Spaghetti – **350 g** Brokkoliröschen – **1–2** rote Peperoni – **2** Knoblauchzehen
4 EL natives Olivenöl extra – Salz – **4 EL** geriebener Parmesan

Die Spaghetti in 4 l Salzwasser al dente kochen. Den Brokkoli putzen, waschen, in kleine Röschen schneiden und in reichlich kochendem, gesalzenem Wasser 5 Minuten blanchieren. Die Peperoni halbieren, die Kerne entfernen, das Fruchtfleisch in nicht zu kleine Stücke schneiden. Den Knoblauch pellen und grob hacken.

In einer tiefen Pfanne das Öl erhitzen. Knoblauch und Peperoni darin anbraten, dann die abgegossenen, abgetropften Brokkoliröschen dazugeben, salzen und durchschwenken.

Die Spaghetti abgießen, in die Pfanne zum Brokkoli geben und gut durchschwenken. Auf Teller verteilen, sofort servieren und geriebenen Parmesan dazu reichen.

Der kampanische, an den Hängen des Vesuvs angebaute **Lacryma Christi** ist der ideale Begleiter dieses schlichten traditionellen Gerichts.

Meine Rezepte

Meine Rezepte

Um dieses Gericht etwas anzureichern, kann man unter die Tomatensoße ein paar Kapern oder Kapernäpfel und mit Kräutern trocken eingelegte schwarze Oliven mischen.

Bucatini mit Kirschtomaten und Basilikum

Vorbereitungszeit **10 Minuten** – Garzeit **25 Minuten** – Schwierigkeitsgrad **einfach**

400 g Bucatini – **2** Knoblauchzehen – **4 EL** natives Olivenöl extra
250 g Kirschtomaten – **2** getrocknete Chilischoten – Salz – Basilikum

Den geschälten, grob gehackten Knoblauch im Öl angehen lassen. Dann die geviertelten Tomaten dazugeben und 15 Minuten köcheln lassen. Die im Mörser zerstoßenen Chilischoten untermischen und mit Salz abschmecken.

Die Bucatini in 4 l Salzwasser fast al dente kochen, abgießen, in die Tomatensoße geben und 1–2 Minuten gut durchschwenken. Mit reichlich Basilikum – große Blätter zerzupfen – garniert servieren.

Ein so typisch italienisches Gericht wie dieses verdient einen sonnenverwöhnten mediterranen Wein wie den ***Verdicchio dei Castelli di Jesi***.

Vermicelli mit Oliven, Rosinen und Pinienkernen

Vorbereitungszeit **30 Minuten** – Garzeit **15 Minuten** – Schwierigkeitsgrad **einfach**

400 g Vermicelli – **1 EL** Rosinen – **4** in Salz eingelegte Sardellenfilets
1 EL in Salz eingelegte Kapern – **100 g** schwarze Oliven – **1** Knoblauchzehe
6 EL natives Olivenöl extra – **1 EL** Pinienkerne – **3 EL** Semmelbrösel
gehackte Petersilie – Salz

Die Rosinen 30 Minuten in warmem Wasser einweichen. Sardellenfilets und Kapern abwaschen und klein schneiden. Die Oliven entsteinen. Den Knoblauch pellen und grob hacken.

Die Vermicelli in 4 l Salzwasser fast al dente kochen. Nebenher in einer großen, tiefen Pfanne das Öl erhitzen. Den Knoblauch darin leicht Farbe nehmen lassen, dann Sardellen, Kapern, Oliven, die abgetropften Rosinen und die Pinienkerne dazugeben und alles gut durchrühren. Zuletzt die Semmelbrösel untermischen und anrösten.

Die Vermicelli abgießen und sofort noch tropfnass in die Pfanne geben. 1–2 Minuten sehr gut durchschwenken. Mit gehackter Petersilie bestreuen und sofort servieren.

Dieses mittelmeerische Gericht, das mit der Kombination von salzigen Zutaten und süßen Rosinen seine arabischen Wurzeln nicht leugnen kann, verlangt einen großen Weißwein wie den **Greco di Tufo.**

Meine Rezepte

Meine Rezepte

Seitan ist ein asiatisches Produkt, das an Tofu erinnert, aber aus Weizeneiweiß gewonnen und mit Sojasoße gewürzt wird. Es dient als Fleischersatz, hat wenig Fett und enthält kein Cholesterin.

Reismehlnudeln mit Seitan und Erbsen

Vorbereitungszeit **10 Minuten** – Garzeit **15 Minuten** – Schwierigkeitsgrad **einfach**

250 g Reismehlnudeln – **1** weiße Zwiebel – **4 EL** Erdnussöl
150 g TK-Erbsen – 100 g Kirschtomaten – 200 g Seitan
Salz – **1 EL** glatte Petersilie

Die Zwiebel schälen und in feine Ringe schneiden. Das Öl in einer tiefen Pfanne erhitzen und die Zwiebelringe darin glasig dünsten. Die aufgetauten Erbsen dazugeben und bei aufgelegtem Deckel etwa 5 Minuten garen.

Die Kirschtomaten halbieren und in die Pfanne geben. Den Seitan in feine Scheiben schneiden und ebenfalls hinzufügen. Weitere 5 Minuten garen, dann mit Salz abschmecken.

Die Reisnudeln nach Packungsanweisung garen, abgießen und in die Pfanne geben. Alles gut durchschwenken, mit gehackter Petersilie bestreuen und sofort servieren.

Ein weißer **Ortrugo**, leicht und zart duftend, ist die passende Ergänzung zu diesem Nudelgericht mit Seitan und Gemüse.

Udon sind relativ dicke Weizenmehlnudeln, die in der japanischen Küche häufig verwendet und üblicherweise in einer Brühe mit Pilzen, Gemüse und anderen Zutaten gereicht werden.

Udon in Brühe mit Shiitakepilzen und Ingwer

Vorbereitungszeit **10 Minuten** – Garzeit **20 Minuten** – Schwierigkeitsgrad **einfach**

150 g Udon – **2** getrocknete Shiitakepilze – **1** Karotte
1 Zwiebel – **50 g** frischer Ingwer – **4–5 EL** Sojasoße – gehackte Petersilie

Die Shiitakepilze etwa 20 Minuten in heißem Wasser einweichen. Danach den harten Stiel ausschneiden und entfernen, die weichen Hüte in Streifen schneiden.

Die gewaschene, geputzte Karotte in dünne Scheiben, die geschälte Zwiebel in feine Ringe schneiden. Zusammen mit den Shiitakestreifen mit 5 Tassen kochendem Wasser bedecken und etwa 10 Minuten bei mittlerer Hitze kochen lassen. Dann die Udon dazugeben und weitere 5 Minuten kochen.

Den Ingwer fein reiben, in ein Haarsieb geben und direkt über der Suppe den Saft ausdrücken. Die Suppe mit der Sojasoße abschmecken und mit gehackter Petersilie bestreuen. Sofort servieren.

 Es ist nicht leicht, einen Wein zu finden, der mit dem Ingwer harmoniert. Wir schlagen vor, es mit einem **Gutturnio** zu versuchen.

Meine Rezepte

Meine Rezepte

Möchten Sie dem Gericht eine persönliche Note geben?
Dann reichern Sie es mit Garnelen und Kirschtomaten an.

Spaghetti mit Pesto, Bohnen und Kartoffeln

Vorbereitungszeit **10 Minuten** – Garzeit **15 Minuten** – Schwierigkeitsgrad **mittel**

330 g Spaghetti – **2** Salatkartoffeln – **100 g** TK-Prinzessbohnen
5 EL Pesto alla genovese (s. Seite 20)

3,5 l Wasser zum Kochen bringen und salzen. Die Kartoffeln schälen und würfeln, die aufgetauten Bohnen in 1 cm lange Stücke schneiden. Kartoffeln, Bohnen und Spaghetti zusammen im Salzwasser garen.

Wenn die Spaghetti und Kartoffeln gar sind, alles zusammen abgießen und in eine vorgewärmte Schüssel füllen. Das Pesto (eventuell mit etwas Kochwasser verflüssigen) darübergeben und alles vorsichtig, aber gründlich vermischen. Sofort heiß servieren.

 Ein **Cinque Terre**, der berühmte goldgelbe Weißwein der Küstenregion Liguriens, ist ein hervorragender Begleiter für dieses traditionelle ligurische Gericht.

Mit frischen dicken Bohnen erzielt man natürlich das beste Ergebnis, doch kann man auch tiefgefrorene oder notfalls dicke Bohnen aus der Dose verwenden.

Spaghetti mit dicken Bohnen, Pecorino und Minze

Vorbereitungszeit **10 Minuten** – Garzeit **15 Minuten** – Schwierigkeitsgrad **einfach**

350 g Spaghetti – **200 g** aus den Hülsen gelöste Bohnenkerne
3 EL natives Olivenöl extra – **2** Knoblauchzehen – **4 EL** geriebener Pecorino
2 EL gehackte Minze – schwarzer Pfeffer aus der Mühle

Die Spaghetti in 3,5 l Salzwasser fast al dente kochen. Die Bohnenkerne 1 Minute in kochendem Wasser blanchieren, abgießen und aus der dicken Haut drücken.

Das Öl in einer großen Pfanne erhitzen und die in der Schale leicht zerdrückten Knoblauchzehen darin Farbe nehmen lassen, dann entfernen. Die Bohnenkerne in das Öl geben und einige Minuten garen.

Die Spaghetti abgießen, tropfnass zu den Bohnenkernen geben und 1–2 Minuten gut durchschwenken. Pecorino, Minze und reichlich Pfeffer aus der Mühle darüberstreuen, nochmals durchschwenken und sofort servieren.

 Ein **Blanc de Morgex et De La Salle**, ein frischer und leichter Weißwein aus dem Aostatal, bildet eine hervorragende Ergänzung zu der Geschmacksnote der Minze.

Meine Rezepte

Meine Rezepte

Spaghetti mit Chianti-Soße

Vorbereitungszeit **15 Minuten** – Garzeit **25 Minuten** – Schwierigkeitsgrad **einfach**

320 g Spaghetti – **½** Stange Lauch – **1 TL** Butter
Salz und Pfeffer – **125 ml** Chianti Classico – **1 EL** Zucker – **50 g** Pecorino

Den Lauch in sehr feine Streifen schneiden, dann gründlich waschen (etwas davon für die Dekoration beiseitelegen). Die Butter in einem Topf zerlassen und den tropfnassen Lauch bei aufgelegtem Deckel darin dünsten. Salzen und pfeffern.

Den Wein in einem anderen Topf in etwa 15 Minuten auf die Hälfte einkochen lassen, dann den Zucker zugeben und weiter einkochen, bis ein leichter Sirup entsteht.

Die Spaghetti in 3,5 l Salzwasser fast al dente kochen, abgießen, zum Lauch geben und 1–2 Minuten durchschwenken. Die Spaghetti portionsweise um eine Fleischgabel wickeln und als kleine Türmchen auf Teller verteilen. Jeweils etwas von der Chianti-Soße darüberträufeln, mit Lauchstreifen dekorieren und den Pecorino darüberhobeln.

Der zu diesem außergewöhnlichen Gericht passende Wein ist natürlich ein junger **Chianti Classico**, der die charakteristische Note der Soße angenehm betont.

Wem dieses schlichte Gericht zu mild erscheint, kann die Petersilie durch Rucola ersetzen, eine sehr fein geschnittene rote Chilischote dazugeben und zum Schluss geriebenen Pecorino darüberstreuen.

Vermicelli mit Kartoffeln und Petersilie

Vorbereitungszeit **10 Minuten** – Garzeit **15 Minuten** – Schwierigkeitsgrad **einfach**

400 g Vermicelli – **400 g** festkochende Kartoffeln
3 EL natives Olivenöl extra – **1** Bund glatte Petersilie – Salz und Pfeffer

4 l Wasser zum Kochen bringen und salzen. Die Kartoffeln waschen, schälen und würfeln. In dem Salzwasser bissfest kochen, mit einer Schaumkelle herausheben und in eine vorgewärmte Schüssel geben. In demselben Wasser die Vermicelli al dente kochen.

Die Vermicelli abgießen und zu den Kartoffeln in die Schüssel geben. Das Öl darüberlaufen lassen, die gehackte Petersilie darüberstreuen, kräftig salzen und pfeffern. Anschließend alles gut durchmischen und sofort servieren.

Ein ***Riviera Ligure di Ponente Pigato*** ist ein Weißwein, der gut mit der grünen, leicht pfeffrigen Note der glatten Petersilie harmoniert.

Meine Rezepte

Meine Rezepte

Um das Rezept zu variieren, kann man die Walnüsse durch leicht geröstete Pinienkerne oder gehackte Mandeln ersetzen.

Linguine mit gerösteten Semmelbröseln und Walnüssen

Vorbereitungszeit **10 Minute**n – Garzeit **10 Minuten** – Schwierigkeitsgrad **einfach**

350 g Linguine – **2** Knoblauchzehen – **3 EL** natives Olivenöl extra
80 g Semmelbrösel – 80 g gehackte Walnüsse – **4 EL** Ricotta
Salz und schwarzer Pfeffer aus der Mühle

Die Linguine in 3,5 l Salzwasser al dente kochen. Den geschälten Knoblauch in feine Scheiben schneiden und in dem erhitzten Öl Farbe nehmen lassen. Dann die Semmelbrösel dazugeben und gut anrösten. Die gehackten Walnüsse und den Ricotta hinzufügen, gut verrühren und mit Salz abschmecken.

Die Linguine abgießen und tropfnass in die Pfanne geben. Gut durchschwenken und auf Teller verteilen. Nach Geschmack schwarzen Pfeffer aus der Mühle darüberstreuen.

 Ein **Lago di Caldaro** oder Kalterer See, wie der fruchtige Rotwein vor Ort in Südtirol heißt, ist mit seinem leichten Mandelaroma eine passende Ergänzung dieser Vorspeise.

Meine Rezepte

Tagliatelle mit Zucchini und Paprika

Vorbereitungszeit **20 Minuten** – Garzeit **30 Minuten** – Schwierigkeitsgrad **einfach**

2 rote Paprikaschoten – **3 EL** natives Olivenöl extra
2 Knoblauchzehen, gehackt – **1** Zwiebel, gehackt – **1** Zucchino, gewürfelt
Salz und Pfeffer – **2 EL** passierte Tomaten (Dose) – **400 g** Tagliatelle
3 Basilikumblätter, zerzupft – **4 EL** geriebener Pecorino

Die Paprikaschoten halbieren und entkernen. Mit der Schnittfläche nach unten auf ein Backblech legen. 1 EL Öl darüberträufeln und unter dem Grill bräunen, bis die Haut Blasen wirft. In einer Papiertüte ruhen lassen.

Das restliche Öl in einer großen Pfanne erhitzen, Knoblauch und Zwiebel darin andünsten, Zucchiniwürfel hinzufügen, salzen und pfeffern. Die Paprika enthäuten, in Streifen schneiden und in der Pfanne mitsamt den passierten Tomaten zugedeckt köcheln lassen.

Die Tagliatelle in 4 l Salzwasser al dente garen, abgießen und zusammen mit dem Basilikum in die Pfanne geben. Alles in der Soße gut durchschwenken. Mit Pecorino bestreut servieren.

 Ein **Donna Camilla Rosato**, ein aus roten und weißen Trauben hergestellter Rosé, passt hervorragend zu diesem traditionellen Gericht der kalabrischen Küche.

Meine Rezepte

Schneidet man das Lammfleisch aus der Keule, kann man den Knochen als Basis für einen Fond verwenden: Je 50 g Karotte, Zwiebel und Staudensellerie fein würfeln und zusammen mit dem Knochen scharf anbraten. Mit 1 Glas Weißwein ablöschen, 1 EL Tomatenmark und frische Kräuter dazugeben, mit Fleischbrühe bedecken und 1 Stunde kochen lassen. Danach abfiltern.

Pici mit Lammragout, Kirschtomaten und Majoran

Vorbereitungszeit **15 Minuten** – Garzeit **40 Minuten** – Schwierigkeitsgrad **mittel**

280 g Pici – **400 g** Lammfleisch – **4 EL** natives Olivenöl extra
2 Knoblauchzehen – **60 ml** Weißwein – **300 ml** Fleischbrühe – **3** Schalotten
350 g Kirschtomaten – Salz und Pfeffer – **2** Bund Majoran

Das Lammfleisch in ½ cm große Würfel schneiden oder durch den Fleischwolf drehen. Das Öl in einer Pfanne erhitzen, den gehackten Knoblauch und das Fleisch darin anbraten. Den Wein zugießen und verdampfen lassen. Zugedeckt 30 Minuten köcheln lassen, dabei nach und nach die Brühe zugeben.

Die gewürfelten Schalotten und die halbierten Kirschtomaten zusammen in einer anderen Pfanne etwa 10 Minuten dünsten. Salzen und pfeffern.

Die Pici in 3 l Salzwasser al dente kochen und abgießen. Die Tomaten zum Lammragout geben. Die Pici dekorativ auf vorgewärmten Tellern anrichten und das Ragout darüber verteilen. Großzügig gehackten Majoran und – nach Geschmack – geriebenen Parmesan darüberstreuen.

Der aus dem Piemont kommende rubinrote **Nebbiolo d'Alba** ist ein leichter, junger Rotwein, der mit seinem Tannin den Majoran und das Lamm sehr gut ergänzt.

Die **Spaghetti alla carbonara** kann man auch mit nur 2 Eiern zubereiten, die man – anstelle des dritten Eis – mit 80 ml Sahne verquirlt. Den Pecorino kann man durch Parmesan ersetzen oder die beiden Käsesorten zu gleichen Teilen mischen.

Spaghetti nach Art der Köhlerin

Vorbereitungszeit **10 Minuten** – Garzeit **15 Minuten** – Schwierigkeitsgrad **einfach**

320 g Spaghetti – **120 g** klein gewürfelter durchwachsener Speck
3 Eier – **3 EL** geriebener Pecorino – Salz und Pfeffer

Die Spaghetti in 3 l Salzwasser fast al dente kochen. In einer beschichteten Pfanne den Speck braten, bis er glasig und leicht kross ist.

Die Eier in einer Schüssel mit dem Schneebesen schaumig aufschlagen, dabei den Käse einarbeiten. Kräftig salzen und pfeffern.

Die Spaghetti abgießen, tropfnass in die Pfanne zu dem Speck geben und 1–2 Minuten durchschwenken. Die Eier darübergießen, nochmals gut durchschwenken und sofort servieren.

Ein **Cirò rosato**, ein trockener, sehr aromatischer, heller Rosé aus Kalabrien, vermählt sich besonders gut mit der Cremigkeit der Spaghetti alla carbonara.

Meine Rezepte

Meine Rezepte

Spaghetti alla chitarra mit Wurstbrät und Zucchini

Vorbereitungszeit **10 Minuten** – Garzeit **25 Minuten** – Schwierigkeitsgrad **einfach**

320 g Spaghetti alla chitarra (Eiernudelspaghetti) – **300 g** grobe Bratwurst
4 EL natives Olivenöl extra – **60 ml** Weißwein – **1** Schalotte – **2** mittelgroße Zucchini
Salz und Pfeffer – **6** Kürbisblüten

Das Füllsel der Bratwurst aus der Haut drücken und zerzupfen. 1 EL Öl in einer Pfanne erhitzen und das Wurstbrät darin anbraten. Mit dem Weißwein löschen und köcheln lassen.

Die Spaghetti alla chitarra in 3 l Salzwasser fast al dente kochen. In einer zweiten Pfanne das restliche Öl erhitzen und die gewürfelte Schalotte darin glasig dünsten. Die in streichholz-große Julienne geschnittenen Zucchini dazugeben, salzen und pfeffern und einen kleinen Schuss Wasser angießen. Bei aufgelegtem Deckel 5 Minuten garen.

Die Kürbisblüten in Streifen schneiden und zu den Zucchini geben. Dann auch das gegarte Brät hinzufügen (das ausgebratene Fett nach Geschmack zurücklassen).

Die Spaghetti alla chitarra abgießen, zur Wurst-Zucchini-Soße geben und 1 Minute gut durch-schwenken. Sofort servieren und nach Geschmack geriebenen Parmesan dazu reichen.

Der **Greco di Tufo**, ein körperreicher Weißwein mit großer Struktur, passt ausgezeichnet zu dem in diesem Gericht verarbeiteten Schweinefleisch und den zarten Zucchini.

Spaghettoni mit Lammragout, Artischocken und Pecorino

Vorbereitungszeit **30 Minuten** – Garzeit **30 Minuten** – Schwierigkeitsgrad **einfach**

280 g Spaghettoni – **300 g** Lammfleisch – **4** Artischocken – **1** Knoblauchzehe
je 50 g Zwiebel, Karotte und Staudensellerie – **4 EL** natives Olivenöl extra
1 TL gehackter Thymian – **1** Lorbeerblatt – **50 ml** Weißwein
800 ml Fleisch- oder Gemüsebrühe – Salz und Pfeffer – **60 g** Pecorino

Das Lammfleisch in kleine Stücke schneiden. Die Artischocken putzen, die Artischockenböden und weichen Stielteile in Würfel schneiden. Zwiebel, Karotte, Staudensellerie und Knoblauch ebenfalls würfeln.

Das Öl in einer Pfanne erhitzen und das Fleisch darin rundherum anbraten, dann das gewürfelte Gemüse, Thymian und Lorbeerblatt dazugeben und Farbe nehmen lassen. Den Weißwein zugießen und verkochen lassen. Das Ragout bei aufgelegtem Deckel 25 Minuten köcheln lassen, dabei nach und nach die Brühe angießen. Mit Salz und Pfeffer abschmecken.

Die Spaghettoni in 3 l Salzwasser nebenher al dente kochen. Sobald sie gar sind, abgießen und dekorativ auf vorgewärmten Tellern anrichten. Das Ragout darauf verteilen und den Pecorino darüberhobeln. Sofort servieren.

 Der **Alto Adige Santa Maddalena**, ein Südtiroler Rotwein aus der Vernatschtraube (Schiava), harmoniert besonders gut mit den Artischocken in diesem Gericht.

Meine Rezepte

Meine Rezepte

Wenn es keine wirklich aromatischen frischen Tomaten gibt, sind geschälte, stückige San-Marzano-Tomaten aus der Dose ein sehr würdiger Ersatz.

Bucatini all'amatriciana

Vorbereitungszeit **10 Minuten** – Garzeit **25 Minuten** – Schwierigkeitsgrad **einfach**

320 g Bucatini – **500 g** Tomaten (vorzugsweise San Marzano)
120 g durchwachsener Speck – **1** kleine Zwiebel – kleine rote Chilischoten
5 EL natives Olivenöl extra – Salz – geriebener Parmesan

Die Tomaten (sofern es frische sind) in kochendem Wasser blanchieren und häuten. Das wässrige Innere mit den Kernen entfernen, das Fruchtfleisch in kleine Stücke schneiden. Den Speck und die Zwiebel würfeln. Die Chilischoten (Menge nach Geschmack und Schärfe wählen) halbieren, die Kerne auskratzen, das Fruchtfleisch in sehr feine Streifen schneiden.

Die Bucatini in 3,5 l Salzwasser fast al dente kochen. Das Öl erhitzen, den Speck und die Zwiebeln zusammen darin anbraten. Erst die Chili und dann die Tomaten dazugeben. Köcheln lassen, bis die Tomatensoße etwas eingekocht und dicklich ist. Mit Salz abschmecken.

Die Bucatini abgießen, zur Tomatensoße geben und 1–2 Minuten gut durchschwenken. Sofort servieren und bei Tisch mit Parmesan bestreuen.

Der **Cesanese di Affile**, ein traditioneller, leicht bitterer Rotwein aus dem Latium, harmoniert sehr gut mit der ausgeprägten Schärfe der Tomatensoße dieses Klassikers der italienischen Küche.

Zur Abwechslung kann man den gekochten Räucherschinken durch die gleiche Menge rohen Schinken ersetzen.

Reginette mit Erbsen und gekochtem Schinken

Vorbereitungszeit **10 Minuten** – Garzeit **20 Minuten** – Schwierigkeitsgrad **einfach**

300 g Reginette – 1 kleine Zwiebel – 4 EL natives Olivenöl extra
250 g TK-Erbsen – 300 ml Gemüsebrühe – Salz und Pfeffer – 2 EL geriebener Parmesan
200 g gekochter Räucherschinken

Die Reginette in 3 l Salzwasser fast al dente kochen. Die Zwiebel fein würfeln und im Öl glasig dünsten. Die aufgetauten Erbsen dazugeben. Die Brühe angießen, salzen und pfeffern und zugedeckt 5 Minuten garen.

Ein Drittel der Erbsen im Mixer zusammen mit dem Parmesan pürieren, das Püree mit den Erbsen in der Brühe mischen. Den in kleine Würfel geschnittenen Räucherschinken hinzufügen.

Die Reginette abgießen, tropfnass in die Erbsen schütten und 1–2 Minuten gut durchschwenken. Auf vorgewärmte Teller verteilen, nach Geschmack über jede Portion einen Faden Olivenöl laufen lassen und bei Tisch mit Parmesan bestreuen.

Der **Ribolla Gialla**, ein trockener Weißwein aus dem Friaul mit intensivem Duft und Geschmack, passt hervorragend zu den grünen Erbsen und dem Schinken.

Meine Rezepte

Meine Rezepte

Wenn die empfohlenen Mais-Tagliatelle nicht zu bekommen sind – sie werden mit gelbem Maisgrieß hergestellt –, kann man stattdessen auch mit Safran ebenso intensiv gelb gefärbte Nudeln nehmen.

Mais-Tagliatelle mit Spargel und Pancetta

Vorbereitungszeit **25 Minuten** – Garzeit **20 Minuten** – Schwierigkeitsgrad **einfach**

400 g Mais-Tagliatelle – **250 g** grüner Spargel – **2** Schalotten
2 EL natives Olivenöl extra – **120 g** Pancetta (geräucherter Bauchspeck) in Scheiben
20 g Butter – schwarzer Pfeffer – **100 g** Pecorino

Die Mais-Tagliatelle in 4 l Salzwasser al dente kochen. Den Spargel in feine Scheiben schneiden (die Köpfe ganz lassen). Die Schalotten würfeln und in dem Öl glasig dünsten. Den Spargel und 2 EL Wasser hinzufügen und zugedeckt 5 Minuten garen lassen.

Die Pancettascheiben in mundgerechte Stücke schneiden, zum Spargel geben und einige Minuten mitgaren.

Die Mais-Tagliatelle abgießen, tropfnass zum Spargel geben, die Butter in Flöckchen daraufsetzen und gut durchschwenken. Großzügig schwarzen Pfeffer aus der Mühle sowie den Pecorino darübergeben und sofort servieren.

Ein ***Sauvignon dell'Alto Adige***, ein strohgelber norditalienischer Weißwein, ergänzt mit seiner herben Note den typischen Geschmack des Spargels ganz besonders gut.

Bigoli mit Entenragout

Vorbereitungszeit **40 Minuten** – Garzeit **100 Minuten** – Schwierigkeitsgrad **mittel**

300 g Bigoli – **1** Ente (etwa 1 kg) – **1** Zwiebel – **1** Karotte
1 Stange Staudensellerie – **40 g** Butter – frischer Salbei – **150 g** passierte Tomaten (Dose)
Salz und Pfeffer – **4 EL** geriebener Parmesan

Die küchenfertig vorbereitete Ente in einem großen Topf mit leicht gesalzenem Wasser bedecken und zusammen mit der grob in Stücke geschnittenen Zwiebel, der Karotte und dem Sellerie 1 Stunde kochen lassen. Dann alles Fleisch von den Knochen lösen und in kleine Würfel schneiden.

Die Hälfte der Butter in einer Pfanne zerlassen und das Entenfleisch hineingeben. Ein paar Salbeiblätter und die passierten Tomaten hinzufügen, salzen, pfeffern und unter gelegentlichem Rühren zugedeckt weitere 30 Minuten garen.

Die Kochbrühe der Ente durch ein feines Sieb gießen und die Bigoli darin al dente kochen. Die Bigoli aus der Brühe heben und zum Entenragout geben. Die restliche Butter in Flöckchen darauf verteilen, sehr gut durchschwenken und bei Tisch mit Parmesan bestreuen.

Der aus dem Piemont kommende **Gattinara**, ein rubinroter eleganter Rotwein, rundet das Aroma des dunklen Geflügelfleischs der Ente außerordentlich gut ab.

Meine Rezepte

Meine Rezepte

Statt Wurstbrät kann man auch Hackfleisch – Schwein oder Rind beziehungsweise gemischt – verwenden, das man nach eigenem Geschmack herzhaft würzt.

Troccoli mit Wurstbrät und Pilzen

Vorbereitungszeit **20 Minuten** – Garzeit **25 Minuten** – Schwierigkeitsgrad **einfach**

300 g Troccoli – **20 g** getrocknete Steinpilze – **1** kleine Zwiebel
4 EL natives Olivenöl extra – **20 g** Butter – **200 g** grobe Bratwurst – Salbeiblätter
60 ml trockener Weißwein – **100 ml** Gemüsebrühe – **4 EL** geriebener Parmesan

Die Steinpilze 20 Minuten in warmem Wasser einweichen, dann abgießen und in Streifen schneiden. Die geschälte Zwiebel fein würfeln und in der zusammen mit dem Öl erhitzten Butter glasig dünsten.

Das Füllsel der Bratwurst aus der Pelle drücken, zerzupfen und zur Zwiebel geben. Wenn es Farbe genommen hat, einige Salbeiblätter und die Pilze hinzufügen. Den Wein zugießen und einkochen lassen. Dann nach und nach die Brühe zugeben.

Die Troccoli in 3 l Salzwasser nebenher fast al dente kochen. Abgießen, zur Soße in der Pfanne geben und 1–2 Minuten durchschwenken. Auf Teller verteilen, mit Salbei garnieren und mit Parmesan bestreuen. Sofort servieren.

Der **Lagrein Dunkel**, ein recht schwerer Südtiroler Rotwein mit einem Duft, der an Waldlandschaften erinnert, harmoniert ideal mit dem Aroma der Steinpilze.

Spaghetti mit frischen Tomaten und Pancetta

Vorbereitungszeit **10 Minuten** – Garzeit **20 Minuten** – Schwierigkeitsgrad **einfach**

400 g Spaghetti – 300 g Tomaten – 100 g Pancetta (geräucherter Bauchspeck) am Stück
1 Zwiebel – 3 EL natives Olivenöl extra – Majoran – Salz und Pfeffer

Die Spaghetti in 4 l Salzwasser fast al dente kochen. Die Tomaten in kochendem Wasser blanchieren, bis die Haut aufspringt. Aus dem Wasser nehmen, häuten, das wässrige Innere mit den Kernen entfernen, das Fruchtfleisch klein schneiden. Den Pancetta und die Zwiebel würfeln.

Das Öl in einer tiefen Pfanne erhitzen, Pancetta und Zwiebel darin anbraten. Die Tomaten dazugeben, mit gehacktem Majoran, Salz und Pfeffer würzen.

Die Spaghetti abgießen, zur Tomatensoße geben und 1–2 Minuten gut durchschwenken. Mit Majoran garniert sofort heiß servieren. Bei Tisch nach Geschmack mit geriebenem Parmesan bestreuen.

Ein **Colli Perugini**, ein leichter toskanischer Rosé, passt gut zur frischen Säure der Tomaten und dem deftigen Pancetta.

Meine Rezepte

Meine Rezepte

Maccheroni al ferretto mit Hasenragout und Schokolade

Vorbereitungszeit **40 Minuten** – Garzeit **3 Stunden** – Schwierigkeitsgrad **mittel**

400 g Maccheroni al ferretto – **60 g** bittere Schokolade (mind. 70 %)
3 EL geriebener Parmesan

Für das Hasenragout: 1 Hase (etwa 1 kg) – **1** Zwiebel
50 g Schinkenspeck – **50 g** Butter

Für die Marinade: 1 Zwiebel – **1** Stange Staudensellerie – **1** Karotte
1 Lorbeerblatt – **2** Stängel Thymian – **je 1** Zweig Rosmarin und Majoran
je 4 schwarze Pfefferkörner und Wacholderbeeren – **1** Gewürznelke – **1** Stück Zimtstange
50 g gewürfelter grüner Speck – **1 TL** grobes Salz – Rotwein

Den küchenfertigen Hasen in Stücke zerlegen und zusammen mit allen Zutaten für die Marinade in eine Porzellan- oder Glasschale legen. So viel Rotwein angießen, dass das Fleisch bedeckt ist; 1–2 Tage marinieren.

Die Zwiebel und den Schinkenspeck würfeln. In einem Bräter in der Butter anbraten, dann die marinierten Hasenteile, das Gemüse aus der Marinade sowie die abgefilterte Marinade dazugeben und die Hasenteile bei schwacher Hitze 3 Stunden köcheln lassen, bis die ganze Flüssigkeit verdampft ist (eventuell Wasser nachgießen).

Die Maccheroni al ferretto in 4 l Salzwasser al dente kochen. Die Hasenteile aus dem Topf nehmen, den Rest mit etwas Wasser loskochen und durch ein Sieb streichen. Zusammen mit dem von den Knochen gelösten, klein geschnittenen Hasenfleisch wieder in den Topf geben. Die Maccheroni mit Ragout auf Tellern verteilen. Bei Tisch mit grob geraffelter Schokolade und Parmesan bestreuen.

Ein mindestens drei Jahre alter **Barbaresco**, ein vollmundiger rubinroter Wein aus dem Piemont, ist die würdige Ergänzung dieser außergewöhnlichen Kombination von Hasenfleisch und Schokolade.

Spaghetti mit Zucchini, Parmaschinken und Parmesan

Vorbereitungszeit **15 Minuten** – Garzeit **20 Minuten** – Schwierigkeitsgrad **einfach**

300 g Spaghetti – 4 kleine Zucchini – 5 Kürbisblüten
1 Schalotte – **4 EL** natives Olivenöl extra – Salz und Pfeffer
80 g Parmaschinken in feinen Scheiben – 50 g Parmesan – Basilikum

Die Spaghetti in 4 l Salzwasser fast al dente kochen. Die Zucchini in feine Scheiben schneiden. Aus den Kürbisblüten die Stempel entfernen, die Blüten in Streifen schneiden. Die Schalotte würfeln und in dem Öl glasig dünsten. Die Zucchinischeiben und einen kleinen Schuss Wasser zugeben. Bei aufgelegtem Deckel bei milder Hitze 10 Minuten garen; salzen und pfeffern.

Die Spaghetti abgießen und zu den Zucchini geben. Die Kürbisblütenstreifen und den klein geschnittenen Parmaschinken hinzufügen. Alles gut miteinander vermengen und noch 1–2 Minuten auf dem Herd lassen. Parmesan über die Spaghetti hobeln, mit Basilikum garniert servieren.

Ein leichter Weißwein wie der **Colli di Luni Vermentino** geht mit den frischen Zucchini und dem Parmaschinken eine delikate Verbindung ein.

Meine Rezepte

Meine Rezepte

Man kann zusätzlich in feine Streifen geschnittenen, kurz in einer Pfanne in Öl angebratenen Radicchio unter die Nudeln mischen.

Bucatini mit Pancetta und Käse

Vorbereitungszeit **10 Minuten** – Garzeit **15 Minuten** – Schwierigkeitsgrad **einfach**

350 g Bucatini – **1** Zwiebel – **120 g** Pancetta (geräucherter Bauchspeck) am Stück
50 g Butter – **3 EL** geriebener Pecorino – **3 EL** geriebener Parmesan
schwarzer Pfeffer – gehackte Petersilie

Die Bucatini in 3,5 l Salzwasser fast al dente kochen. Die Zwiebel würfeln, den Pancetta in feine Streifen schneiden. Beides zusammen in der Butter anbraten.

Die Bucatini abgießen. Tropfnass in die Pfanne zur Zwiebel und zum Pancetta geben und 1–2 Minuten durchschwenken.

Mit Pecorino und Parmesan bestreuen, nochmals durchmischen, schwarzen Pfeffer aus der Mühle darübergeben und mit gehackter Petersilie bestreut servieren.

 Der ***Est! Est!! Est!!!***, ein harmonischer, vollmundiger Weißwein aus dem Latium, ist als Getränk zu diesem traditionellen Nudelgericht geradezu ein Muss.

Linguine mit Kaninchenragout und Linsen

Vorbereitungszeit **35 Minuten** – Garzeit **90 Minuten** – Schwierigkeitsgrad **mittel**

300 g Linguine – 300 g Kaninchenfleisch – **je 70 g** Karotte, Lauch und Staudensellerie (winzig klein gewürfelt) – **2 EL** natives Olivenöl extra
80 g geräucherter Schinkenspeck – 500 ml Weißwein

Für die Linsen: 120 g braune Linsen – **1** Schalotte – **1** Knoblauchzehe
2 EL natives Olivenöl extra – **2 EL** Tomatenmark – **1 TL** Curry – **1** Lorbeerblatt
500 ml Gemüsebrühe – **1 EL** frische gehackte Kräuter (Majoran, Thymian, Petersilie)
Salz und Pfeffer

Die Linsen 30 Minuten in heißem Wasser einweichen. Schalotte und Knoblauch würfeln und in dem Öl glasig dünsten. Die gut abgetropften Linsen dazugeben, anschließend Tomatenmark, Curry und Lorbeerblatt hinzufügen. Die Brühe zugießen und bei schwacher Hitze etwa 1 Stunde köcheln lassen.

Das Kaninchenfleisch würfeln. Das gewürfelte Gemüse im Öl anbräunen, dann das Kaninchenfleisch und den ebenfalls gewürfelten Schinkenspeck dazugeben und anbraten. Mit dem Weißwein löschen und zugedeckt bei schwacher Hitze 20 Minuten schmoren.

Die Linguine in 3 l Salzwasser al dente kochen. Die Linsen zum Kaninchenragout geben, gut vermischen und mit Salz und Pfeffer abschmecken. Die Linguine abgießen, ansprechend auf vorgewärmten Tellern anrichten und über jede Portion etwas von dem Ragout verteilen. Nach Geschmack über jede Portion einen Faden Olivenöl laufen lassen.

 Ein **Bardolino Chiaretto**, ein aromatischer Rosé aus Venetien, ergänzt dieses sättigende Gericht ganz besonders gut.

Meine Rezepte

Fleischsoße Bologneser Art kann man auf Vorrat zubereiten und einfrieren. Sie lässt sich als Soße zu Spaghetti und anderen Nudeln sowie zur Füllung von Lasagne verwenden.

Tagliatelle Bologneser Art

Vorbereitungszeit **20 Minuten** – Garzeit **60 Minuten** – Schwierigkeitsgrad **einfach**

350 g Tagliatelle – **400 g** Bologneser Soße (s. Seite 23)
9 EL geriebener Parmesan

Die Tagliatelle in 3,5 l Salzwasser al dente kochen. Danach abgießen, gut abtropfen lassen und in eine vorgewärmte Schüssel geben. Die Fleischsoße darübergießen, gut durchmischen und mit geriebenem Parmesan bestreuen.

Zu diesem traditionellen Gericht der Emilia-Romagna passt am besten ein ebenfalls aus der Emilia-Romagna stammender **Colli Bolognese Cabernet Sauvignon**.

Meine Rezepte

Linguine mit Thunfisch, Aubergine und Kapern

Vorbereitungszeit **25 Minuten** – Garzeit **20 Minuten** – Schwierigkeitsgrad **einfach**

320 g Linguine – **1** kleine Aubergine – **200 g** frisches Thunfischfilet
4 EL natives Olivenöl extra – **2** Knoblauchzehen – Salz und Pfeffer – **30 g** Kapern
30 g schwarze entsteinte Oliven – **½ EL** gehackte Minze

Die Aubergine und den Thunfisch in kleine Würfel schneiden. Die Auberginenwürfel in ein Sieb geben, mit Salz bestreuen (es entzieht ihnen das Wasser) und über eine Schüssel gehängt 15 Minuten stehen lassen, dann abbrausen und gut trockentupfen.

Die Linguine in 3,5 l Salzwasser al dente kochen. Das Öl in einer tiefen Pfanne erhitzen und den zerdrückten Knoblauch darin angehen lassen, dann die Auberginenwürfel hinzufügen und anbraten. Aus der Pfanne auf einen Teller geben und beiseitestellen.

In derselben Pfanne den Thunfisch anbraten, salzen und pfeffern. Kapern und Oliven dazugeben. Dann die Auberginen wieder in die Pfanne zum Fisch geben und die Minze darüberstreuen.

Die Linguine abgießen und auf Tellern anrichten. Thunfischragout darübergeben. Sofort heiß servieren.

Ein **Chardonnay di Sicilia**, ein eleganter, gut gekühlt genossener Weißwein, harmoniert ausgezeichnet mit dem Thunfisch dieses meist als Vorspeise gereichten Nudelgerichts.

Meine Rezepte

Meine Rezepte

Linguine mit Krake und Paprika

Vorbereitungszeit **20 Minuten** – Garzeit **60 Minuten** – Schwierigkeitsgrad **mittel**

350 g Linguine – **1** frischer Krake (Oktopus) von etwa 700 g
6 EL natives Olivenöl extra – **je 1** rote und gelbe Paprikaschote – Salz
1 EL gehackte Petersilie – Paprikapulver oder Cayenne

Die Tentakel des gewaschenen Kraken straffziehen, die Haut unter den Augen rundherum einschneiden und die Eingeweide mit dem Tintensack aus dem Körperbeutel entfernen. Die Kauwerkzeuge herausschneiden. Die Fangarme und den Körper in mundgerechte Stücke schneiden.

Die Hälfte des Öls in einer großen, tiefen Pfanne erhitzen und das Krakenfleisch bei starker Hitze darin anbraten. Dann die Temperatur reduzieren und bei aufgelegtem Deckel 40 Minuten schmoren lassen, bis das Fleisch weich ist.

Die geputzten Paprikaschoten in mundgerechte Stücke schneiden und im restlichen Öl in einer anderen Pfanne anbraten. ½ Tasse Wasser angießen, salzen und zugedeckt 10 Minuten dünsten, anschließend zusammen mit der Petersilie zum Krakenfleisch geben. Mit Salz und – nach Geschmack – mit Paprikapulver oder Cayenne abschmecken.

Die nebenher in 3,5 l Salzwasser fast al dente gekochten Linguine abgießen, zu dem Krakenfleisch geben, 1–2 Minuten gründlich durchschwenken und servieren.

Ein **Falanghina dei Campi Flegrei**, ein kampanischer, auf den Phlegräischen Feldern westlich von Neapel kultivierter Weißwein mit charakteristischem Bukett, ist ein idealer Begleiter des Kraken.

Bavette mit Spargel und Garnelen

Vorbereitungszeit **15 Minuten** – Garzeit **20 Minuten** – Schwierigkeitsgrad **einfach**

320 g Bavette – **300 g** rohe Garnelen – **250 g** grüner Spargel
1 Zwiebel – **5 EL** natives Olivenöl extra – Salz und Pfeffer
je etwas gehackter Dill und Schnittlauch

Die Bavette in 3,5 l Salzwasser al dente kochen. Die Garnelen schälen (das letzte Segment mit dem Schwanzfächer daranlassen) und entdarmen. Den Spargel soweit nötig schälen und in Scheiben schneiden; die Köpfe am Stück lassen. Die Zwiebel fein würfeln.

Das Öl in einer großen, tiefen Pfanne erhitzen und die Zwiebel darin glasig dünsten. Den Spargel dazugeben, kurz anbraten, salzen und pfeffern und ½ Tasse Wasser angießen. Zugedeckt 5 Minuten köcheln lassen.

Die Garnelen zum Spargel geben und erneut köcheln lassen, bis sie sich rosa gefärbt haben. Dill und Schnittlauch hinzufügen.

Die Bavette abgießen, dekorativ auf vorgewärmten Tellern anrichten und Spargelsoße sowie Garnelen gleichmäßig darüber verteilen. Sofort servieren.

 Der **Bolgheri**, ein eleganter toskanischer Weißwein,
atmet die Luft des Meeres und rundet somit den Geschmack der Garnelen vollendet ab.

Meine Rezepte

Meine Rezepte

Die schwarze Farbe erhalten die Sepia-Spaghetti von der Tintenfischtinte, die ihnen auch einen zarten, spezifischen Eigengeschmack verleiht.

Sepia-Spaghetti mit Tintenfisch und Tomaten

Vorbereitungszeit **10 Minuten** – Garzeit **15 Minuten** – Schwierigkeitsgrad **einfach**

320 g Sepia-Spaghetti – **500 g** Tintenfisch – **300 g** Kirschtomaten
2 Knoblauchzehen – **1** kleine rote Chilischote – **5 EL** natives Olivenöl extra
2 EL gehackte Petersilie

Die Sepia-Spaghetti in 3,5 l Salzwasser fast al dente kochen. Die Tintenfische putzen und waschen, die Beutel in schmale Ringe, die Tentakel in Stücke schneiden. Die gewaschenen Kirschtomaten halbieren, die Knoblauchzehen fein hacken, die Chilischote entkernen und in sehr feine Streifen schneiden.

Das Öl in einer tiefen Pfanne erhitzen, Knoblauch und Chilischoten darin angehen lassen, die Tomaten dazugeben und einige Minuten garen. Dann den Tintenfisch hinzufügen, salzen und weitere 6–7 Minuten garen.

Die Sepia-Spaghetti abgießen und zusammen mit der Petersilie zu Tomaten und Tintenfisch geben. Alles 1–2 Minuten gut durchschwenken und sofort heiß servieren.

Ein frischer, säuerlicher Weißwein wie der **Riviera Ligure di Ponente Pigato** geht mit den schwarzen Nudeln und dem Tintenfisch eine ideale Verbindung ein.

Bottarga, eine Spezialität der sardischen Küche, ist der getrocknete, gesalzene und in Stangenform gepresste Rogen von Meeräschen (geschmacklich feiner) oder Thunfischen (intensiver), den man fein geraspelt oder blättrig gehobelt verwendet.

Spaghetti mit Bottarga und Orangenschale

Vorbereitungszeit **10 Minuten** – Garzeit **12 Minuten** – Schwierigkeitsgrad **einfach**

320 g Spaghetti – **1** unbehandelte Orange – **1** Knoblauchzehe
60 g Bottarga (von der Meeräsche) – **5 EL** natives Olivenöl extra
2 EL gehackte Petersilie – Salz und Pfeffer

Die Spaghetti in 3,5 l Salzwasser fast al dente kochen. Die Schale der Orange mit dem Zestenreißer in hauchdünnen Streifen abschälen. Die geschälte Knoblauchzehe längs halbieren, den Bottarga in feine Blätter hobeln.

Das Öl in einer tiefen Pfanne erhitzen, den Knoblauch darin anbraten und entfernen. ¼ der Orangenschale, die gehackte Petersilie und die Hälfte des Bottarga in die Pfanne geben und durchschwenken. Salzen und pfeffern.

Die Spaghetti abgießen, tropfnass in die Pfanne geben und 1–2 Minuten gut durchschwenken. Die restliche Orangenschale und den Bottarga darüber verteilen, nochmals durchschwenken und sofort servieren.

Ein **Vermentino di Gallura**, ein zarter, trockener Weißwein aus Sardinien, ergänzt den Bottarga und die bitter-säuerliche Note der Orangenschale in idealer Weise.

Meine Rezepte

Meine Rezepte

Nach Geschmack kann man die Riesengarnelen auch durch das Fleisch anderer Krebstiere ersetzen, zum Beispiel durch den edlen Kaisergranat (Scampi) oder die relativ preiswerten Shrimps.

Spaghetti mit Riesengarnelen und Buschtomaten

Vorbereitungszeit **20 Minuten** – Garzeit **15 Minuten** – Schwierigkeitsgrad **einfach**

350 g Spaghetti – **8** Riesengarnelen – **8** Buschtomaten
½ rote Chilischote – **5 EL** natives Olivenöl extra – **2** Knoblauchzehen
Salz und Pfeffer – gehacktes Basilikum

Die Garnelen aus der Schale lösen und den schwarzen Darm entfernen. Das Fleisch in große Stücke schneiden. Die Tomaten waschen, vierteln und das wässrige Innere mit den Kernen entfernen. Die Chilischote entkernen und in feine Steifen schneiden.

Die Spaghetti in 3,5 l Salzwasser fast al dente kochen. Das Öl in einer tiefen Pfanne erhitzen. Den zerdrückten Knoblauch und die Chilischote darin angehen lassen. Das Garnelenfleisch dazugeben und garen, bis sich das Fleisch rosa färbt. Die Tomaten hinzufügen, salzen und pfeffern.

Die Spaghetti abgießen, in die Pfanne geben und in der Garnelensoße 1–2 Minuten durchschwenken. Mit gehacktem Basilikum bestreuen und sofort servieren.

Ein **Bianco d'Alcamo**, ein bedeutender eleganter Weißwein aus Sizilien mit Körper und Struktur, harmoniert besonders gut mit dem edlen Krebsfleisch.

Man kann für dieses Rezept einen lebenden Hummer nehmen, den man selbst in sprudelnd kochendem Wasser kocht, doch mit einem bereits gegarten Hummer erzielt man ein fast ebenso gutes Ergebnis.

Linguine mit Hummer, Tomaten und Oliven

Vorbereitungszeit **30 Minuten** – Garzeit **25 Minuten** – Schwierigkeitsgrad **mittel**

320 g Linguine – **1** gegarter Hummer (600–700 g)
4 EL natives Olivenöl extra – **2** Schalotten – **200 g** Kirschtomaten – Salz und Pfeffer
30 g entsteinte schwarze Oliven – etwas gehacktes Basilikum

Das Fleisch des Hummers auslösen. Dazu den Hummer vom Rücken her mit einem scharfen, schweren Messer längs halbieren. Magensack, Leber, Darm und – falls vorhanden – Corail entfernen. Die Schwanzteile vom Kopf abdrehen. Das Fleisch aus dem Schwanzteil lösen und in mundgerechte Stücke schneiden. Die Scheren knacken und das Fleisch auslösen.

Die Linguine in 3,5 l Salzwasser al dente kochen. Das Öl in einer tiefen Pfanne erhitzen und die gewürfelten Schalotten darin glasig dünsten. Die halbierten Kirschtomaten dazugeben und kurz bei starker Hitze garen. Salzen und pfeffern. Das Hummerfleisch, die Oliven und das Basilikum hinzufügen und erhitzen.

Die Linguine abgießen, ebenfalls in die Pfanne geben und alles gut, aber rasch durchschwenken. Sofort servieren.

Ein leicht moussierender **Franciacorta Brut Rosé** aus der Lombardei, der entfernt an Champagner erinnert, ist eine ideale, elegante Ergänzung des Hummers.

Meine Rezepte

Meine Rezepte

Stockfisch – gesalzener, getrockneter Fisch – muss vor der Zubereitung etwa 24 Stunden in mehrfach gewechseltem Wasser eingeweicht werden.

Linguine mit Stockfisch und roten Zwiebeln

Vorbereitungszeit **15 Minuten** – Garzeit **30 Minuten** – Schwierigkeitsgrad **einfach**

350 g Linguine – **2** rote Zwiebeln – **5 EL** natives Olivenöl extra
einige Zweige Thymian – **½** Tasse Brühe – **300 g** gewässerter Stockfisch
Salz und Pfeffer

Die geschälten Zwiebeln in grobe Stücke schneiden. Das Öl in einer tiefen Pfanne erhitzen, die Zwiebeln mit etwas Thymian und der Brühe bei schwacher Hitze schmoren.

Den vorgeweichten Stockfisch in kleine Stücke schneiden, 2–3 Minuten in kochendem Wasser blanchieren, abgießen und zu den Zwiebeln geben. Salzen und pfeffern und weitere 10 Minuten schmoren.

Nebenher die Linguine in 3,5 l Salzwasser fast al dente kochen, abgießen und zu der Stockfischsoße geben. Das Ganze 1–2 Minuten gut durchschwenken, mit frischem Thymian und Pfeffer aus der Mühle bestreuen. Einen Faden bestes natives Olivenöl darüberlaufen lassen, nochmals durchschwenken und servieren.

Ein strohgelber, herber **Sauvignon del Collio Friulano** bildet die adäquate Ergänzung zu der Soße aus Stockfisch und roten Zwiebeln.

Wer dem Gericht einen edleren Touch verleihen möchte, gibt ½ Esslöffel Trüffelcreme (aus der Tube) an die Soße oder lässt zum Schluss eine Faden Trüffelöl über das Gericht laufen.

Spaghetti alla chitarra mit Sardellen und Zucchini

Vorbereitungszeit **10 Minuten** – Garzeit **10 Minuten** – Schwierigkeitsgrad **einfach**

350 g Spaghetti alla chitarra (Eiernudelspaghetti) – **3** kleine Zucchini
1 unbehandelte Zitrone – **2 EL** natives Olivenöl extra – **1** Knoblauchzehe
6 in Öl eingelegte Sardellen – Salz – gehackte Petersilie

Die Nudeln in 3,5 l Salzwasser al dente kochen. Die Zucchini in sehr feine Streifen (Julienne) schneiden. Die Schale der Zitrone mit dem Zestenreißer in hauchdünnen Streifen abschälen.

Das Öl in einer tiefen Pfanne erhitzen, die zerdrückte Knoblauchzehe und die Sardellen dazugeben und kurz angehen lassen. Die Zucchinistreifen hinzufügen, salzen und schmoren lassen, bis die Spaghetti alla chitarra gar sind. Die Nudeln abgießen, zusammen mit der Zitronenschale und der Petersilie in die Pfanne geben, alles gut durchmischen und sofort servieren.

Ein ***Collio Bianco***, ein traditioneller Weißwein aus dem Friaul, unterstützt den würzigen Geschmack der Sardellen und die grüne Note der Zucchini aufs Beste.

Meine Rezepte

Meine Rezepte

Scialatielli mit Lachs und Pistazien

Vorbereitungszeit **10 Minuten** – Garzeit **15 Minuten** – Schwierigkeitsgrad **einfach**

350 g Scialatielli – **250 g** Lachsfilet – **80 g** geschälte, enthäutete Pistazien
4 EL natives Olivenöl extra – Salz und Pfeffer – etwas gehackter Dill

Die Scialatielli in 3,5 l Salzwasser al dente kochen. Den Lachs in feine Tranchen schneiden.

60 g der Pistazien mit 3 EL Öl, ½ Tasse Wasser und etwas Salz im Mixer zu einer Paste verarbeiten, die übrigen Pistazien grob hacken.

Das restliche Öl in einer Pfanne erhitzen, den Lachs darin braten, salzen und pfeffern. Die Scialatielli abgießen, tropfnass zu dem Lachs geben und durchschwenken. Die Pistazienpaste, die gehackten Pistazien und den Dill darübergeben, nochmals gut durchschwenken und sofort servieren.

Der aus Kampanien kommende trockene, sehr elegante **Fiano di Avellino** ist ein Weißwein, der sich hervorragend mit dem Lachs und den Pistazien verträgt.

Die billigste und in allen Supermärkten erhältliche Kaviarsorte ist der Seehasenrogen. Er ist stark gesalzen und schwarz oder rot eingefärbt. Der ebenfalls recht preiswerte rote Forellenkaviar ist nur leicht gesalzen.

Spaghettisalat mit Kaviar und Limette

Vorbereitungszeit **5 Minuten** – Garzeit **10 Minuten** – Schwierigkeitsgrad **einfach**

350 g Spaghetti – **2 EL** natives Olivenöl extra – **1** Limette
je 1 EL roter und schwarzer Seehasenrogen – **1 EL** Forellenkaviar
etwas glatte Petersilie

Die Spaghetti in 3,5 l Salzwasser al dente kochen, abgießen und in einer Schüssel mit Eiswasser abkühlen. Sehr gut abtropfen lassen und in eine Schüssel geben. Das Öl darüberlaufen lassen und gut durchmischen.

Die Schale der Limette mit dem Zestenreißer in hauchdünnen Streifen abschälen. Die Petersilie sehr fein hacken.

Kurz vor dem Servieren den roten und schwarzen Seehasenrogen, die Limettenschale und die Petersilie vorsichtig unter die Spaghetti mischen. Die Spaghetti wie Nester auf Tellern drapieren und jede Portion mit etwas Forellenkaviar krönen.

 Ein **Trentino Nosiola**, ein Weißwein aus dem Trentin mit hervorstechend aromatischer Note, unterstreicht das delikate Aroma dieser interessanten sommerlichen Zubereitung.

Meine Rezepte

Meine Rezepte

Man kann statt der Venusmuscheln auch andere frische Muscheln, etwa Herz- oder Sandmuscheln, verwenden oder – wenn frische Muscheln nicht zu haben sind – aufgetaute Tiefkühlware.

Spaghetti mit Venusmuscheln

Vorbereitungszeit **20 Minuten** – Garzeit **15 Minuten** – Schwierigkeitsgrad **einfach**

400 g Spaghetti – **600 g** frische Venusmuscheln – **2** Knoblauchzehen
1 Bund glatte Petersilie – **1** kleine rote Chilischote
4 EL natives Olivenöl extra – Salz

Die Muscheln unter fließendem kaltem Wasser gründlich abbürsten. Geöffnete Exemplare wegwerfen (sie könnten verdorben sein). Die Knoblauchzehen zerdrücken, die Petersilie fein hacken, die Chilischote halbieren, die Kerne entfernen, das Fruchtfleisch sehr klein schneiden.

Die Spaghetti in 4 l Salzwasser al dente kochen. Das Öl in einem großen Topf erhitzen. Knoblauch und die Hälfte der Chilischote darin angehen lassen. Die tropfnassen Muscheln hineingeben und bei geschlossenem Deckel etwa 5 Minuten garen. Danach die nicht geöffneten Muscheln aussortieren. Die Kochflüssigkeit, die sich gesammelt hat, durch ein Mulltuch abfiltern und salzen.

Die Spaghetti abgießen und in eine vorgewärmte Schüssel füllen. Die gefilterte Flüssigkeit und die Muscheln zu den Nudeln geben, mit der Petersilie und der restlichen Chilischote bestreuen, durchmischen und sofort servieren.

Die den Duft des Meeres verbreitenden Muscheln verlangen geradezu nach einem toskanischen **Elba Bianco**, einem trockenen, strohgelben, harmonischen Weißwein.

Wenn frisches Fenchelgrün nicht zu haben ist,
kann man stattdessen auch frischen Dill verwenden.

Bucatini mit Sardinen

Vorbereitungszeit **25 Minuten** – Garzeit **20 Minuten** – Schwierigkeitsgrad **mittel**

320 g Bucatini – 30 g Rosinen – 300 g frische Sardinen
1 kleine Zwiebel – **4 EL** natives Olivenöl extra – 15 g Pinienkerne
1 Tütchen Safranpulver – Salz – **80 g** frisches Fenchelgrün

Die Rosinen in lauwarmem Wasser einweichen. Von den Sardinen die Köpfe abdrehen und dabei gleich die Eingeweide mit entfernen, dann die Schwanzflosse abschneiden und die Fischchen filetieren.

Die Bucatini in 3,5 l Salzwasser al dente kochen. Die fein gewürfelte Zwiebel in dem Öl glasig dünsten. Die Sardinenfilets, die abgetropften Rosinen, die Pinienkerne, den Safran und etwas Salz dazugeben und alles einige Minuten schmoren lassen. Inzwischen das Fenchelgrün (oder den Dill) hacken.

Die Bucatini abgießen und mit dem Fenchelgrün oder Dill zu den Sardinen geben. Alles gut durchschwenken und sofort heiß servieren.

 Ein **Bianco di Custoza**, ein voller Weißwein aus Venetien mit leicht bitterem Abgang, harmoniert gut mit der ungewöhnlichen – arabisch inspirierten – Kombination von Sardinen und Rosinen.

Meine Rezepte

Meine Rezepte

Spaghetti mit Meeresfrüchten

Vorbereitungszeit **40 Minuten** – Garzeit **20 Minuten** – Schwierigkeitsgrad **mittel**

350 g Spaghetti – **500 g** Venusmuscheln – **500 g** Miesmuscheln
6 EL natives Olivenöl extra – **1** Glas Weißwein – **2** Knoblauchzehen
8 kleine Scampi – **12** Garnelenschwänze – **12** Kirschtomaten
etwas fein gehackte Chilischote – Salz und Pfeffer – **1 EL** gehackte Petersilie

Die frischen Muscheln unter fließendem kaltem Wasser gründlich waschen und abbürsten. Geöffnete Exemplare wegwerfen (sie könnten verdorben sein). Die Muscheln mit 1 EL Öl, dem Weißwein und 1 zerdrückten Knoblauchzehe in einen großen Topf geben und bei starker Hitze zugedeckt 5 Minuten kochen, bis sich die Muscheln geöffnet haben; nicht geöffnete aussortieren. Die Kochflüssigkeit durch ein Mulltuch abfiltern und wieder über die Muscheln gießen.

Scampi und Garnelenschwänze schälen, die Scampi in Stücke schneiden. In einer tiefen, großen Pfanne das restliche Öl mit der verbliebenen Knoblauchzehe erhitzen. Die halbierten Tomaten und die Chilischote hineingeben, andünsten, salzen und pfeffern. Dann Scampi und Garnelenschwänze hinzufügen und garen, bis sie rosa sind. Anschließend die Petersilie und die Muscheln samt der Flüssigkeit dazugeben.

Die nebenher in 3,5 l Salzwasser al dente gekochten Spaghetti abgießen, zu den Meeresfrüchten geben, alles gründlich durchmischen und sofort heiß servieren.

 Der aus der Provinz Marken kommende **Verdicchio di Matelica** ist ein trockener Weißwein, der zu den Meeresfrüchten dieses aparten Nudelgerichts ganz besonders gut passt.

Reginette mit Thunfisch, Oliven und Kapern

Vorbereitungszeit **15 Minuten** – Garzeit **15 Minuten** – Schwierigkeitsgrad **einfach**

350 g Reginette – **20** Kirschtomaten – **2** Knoblauchzehen
4 EL natives Olivenöl extra – Salz und Pfeffer – **15** entsteinte schwarze Oliven
1 EL Kapern – **250 g** in Öl eingelegter Thunfisch – **1** unbehandelte Zitrone

Die Reginette in 3,5 l Salzwasser al dente kochen. Die gewaschenen Kirschtomaten halbieren. Die gehackten Knoblauchzehen in dem erhitzten Öl kurz angehen lassen, die Tomaten hinzufügen, salzen und pfeffern und 3 Minuten schmoren lassen. Dann die Oliven und die Kapern dazugeben. Zuletzt den abgetropften, zerzupften Thunfisch hinzufügen.

Die Schale der Zitrone mit dem Zestenreißer in hauchdünnen Streifen abschälen und beiseitestellen.

Die Reginette abgießen, tropfnass zur Soße in die Pfanne geben und gut durchschwenken. Die Zitronenzesten darüberstreuen, nochmals durchschwenken und sofort servieren.

 Der **Catarratto**, ein traditioneller, körper- und strukturreicher Weißwein aus Sizilien, harmoniert gut mit dem Thunfisch, den Oliven und Kapern.

Meine Rezepte

Meine Rezepte

Linguine mit Zander und Spinat in Currysahne

Vorbereitungszeit **15 Minuten** – Garzeit **25 Minuten** – Schwierigkeitsgrad **einfach**

320 g Linguine – **1** kleine Zwiebel – **4 EL** natives Olivenöl extra
1 TL scharfes Currypulver – **200 ml** Fischfond (Glas) – **100 ml** süße Sahne – Salz
200 g Zanderfilet – **1** Knoblauchzehe – **100 g** junger frischer Spinat

Die fein gewürfelte Zwiebel in der Hälfte des Öls glasig dünsten, das Currypulver darüberstäuben und durchrühren. Fischfond und Sahne angießen, die Soße um ein Drittel einkochen lassen, dann mit Salz abschmecken.

Die Linguine in 3,5 l Salzwasser al dente kochen. Das Zanderfilet in schmale Tranchen schneiden. Den zerdrückten Knoblauch im restlichen Öl in einer Pfanne angehen lassen. Das Fischfilet darin kurz anbraten, dann den geputzten, verlesenen Spinat dazugeben und zusammenfallen lassen.

Die Linguine abgießen, zusammen mit der Currysahne zu dem Fisch in die Pfanne geben, alles gut durchmischen und sofort servieren.

 Ein frischer **Soave Superiore**, ein eleganter heller Weißwein aus Venetien, begleitet das Zanderfilet in der pikanten Currysahne auf ideale Weise.

Oft werden Riesengarnelen unter dem Namen Scampi verkauft, tatsächlich aber versteht man darunter den edleren Kaisergranat, für den man ersatzweise auch Heuschreckenkrebse verwenden kann.

Bavette mit Scampi, frischen Tomaten und Limette

Vorbereitungszeit **15 Minuten** – Garzeit **25 Minuten** – Schwierigkeitsgrad **einfach**

350 g Bavette – **20** mittelgroße Scampi – **4** reife, feste Tomaten – **4 EL** natives Olivenöl extra – **2** Knoblauchzehen – **½** Glas trockener Weißwein Salz und Pfeffer – **1** Limette – fein gehackter Estragon – gehackter Kerbel

Die Schwänze der Scampi auslösen. Die Tomaten unten kreuzweise einschneiden, dann kurz in kochendes Wasser tauchen, bis sich die Haut zu lösen beginnt. Die Haut abziehen, die Tomaten vierteln, das wässrige Innere mit den Kernen entfernen, das Fruchtfleisch klein schneiden.

Die Bavette in 3,5 l Salzwasser al dente kochen. Das Öl in einer tiefen Pfanne erhitzen, die in der Schale zerdrückten Knoblauchzehen darin ausbraten, dann entfernen. Die ausgelösten Scampischwänze im Öl anbraten, bis sie sich zartrosa färben. Mit dem Weißwein ablöschen und die Tomaten dazugeben, salzen und pfeffern. Deckel auflegen und bei schwacher Hitze 5 Minuten ziehen lassen.

Die Schale der Limette mit dem Zestenreißer in hauchdünnen Streifen abschälen und zusammen mit dem Estragon zu den Scampi geben.

Die Bavette abgießen, zu den Scampi in die Pfanne geben, rasch durchschwenken und auf vorgewärmte Teller verteilen. Mit etwas gehacktem Kerbel garnieren und sofort servieren.

Ein **Trento Talento Brut**, ein moussierender, eleganter Wein aus dem Trentin, verbindet sich mit der Raffinesse der Scampi, die es geschmacklich mit Hummer aufnehmen können.

Meine Rezepte

Meine Rezepte

Statt des Schwertfischs kann man auch die gleiche Menge frischen Thunfisch, Glatthai, Bonito oder Marlin nehmen.

Spaghetti alla chitarra mit Schwertfisch und Aubergine

Vorbereitungszeit **35 Minuten** – Garzeit **30 Minuten** – Schwierigkeitsgrad **einfach**

350 g Spaghetti alla chitarra (Eiernudelspaghetti) – **1** Aubergine
4 EL natives Olivenöl extra – **250 g** frisches Schwertfischfilet – **200 g** Kirschtomaten
1 kleine rote Chilischote – **1** Zweig frische Minze – etwas Basilikum und Petersilie
1 Knoblauchzehe – Salz und Pfeffer

Die Aubergine in Würfel schneiden, in ein Sieb geben, mit Salz bestreuen (es entzieht ihr das Wasser) und über eine Schüssel gehängt 30 Minuten stehen lassen. Dann abbrausen, sehr gut trockentupfen und in der Hälfte des Öls in einer Pfanne 15 Minuten anbraten.

Den Schwertfisch in kleine Würfel schneiden, die Kirschtomaten halbieren, die Chilischote ohne die Kerne in feine Streifen schneiden, Minze, Basilikum und Petersilie fein hacken.

Das restliche Öl in einer zweiten Pfanne erhitzen. Den zerdrückten Knoblauch und den Chili darin angehen lassen. Schwertfisch und Tomaten dazugeben, salzen und pfeffern. Nach einigen Minuten auch die vorgegarten Auberginen hinzufügen.

Die nebenher in 3,5 l Salzwasser al dente gegarten Spaghetti alla chitarra abgießen, in die Pfanne mit dem Fisch geben, mit den gehackten Kräutern bestreuen und alles gut durchmischen. Sofort servieren.

Ein im Holzfass gereifter **Chardonnay di Toscana**, ein eleganter, strukturreicher Wein, bringt das Aroma des Schwertfischs besonders gut zur Geltung.

Der Stockfisch muss vor der Zubereitung etwa 24 Stunden in mehrfach gewechseltem Wasser eingeweicht werden.

Bucatini mit Stockfisch und Tomaten

Vorbereitungszeit **20 Minuten** – Garzeit **30 Minuten** – Schwierigkeitsgrad **einfach**

350 g Bucatini – **500 g** eingeweichter Stockfisch – **1** Zwiebel
1 Knoblauchzehe – **1** kleine rote Chilischote – **4 EL** natives Olivenöl extra
500 g geschälte Tomaten (Dose) – gehackte Petersilie

Den gewässerten Stockfisch gut abwaschen, enthäuten, entgräten und in mundgerechte Stücke schneiden. Zwiebel und Knoblauchzehe fein würfeln. Die Chilischote halbieren, die Kerne auskratzen, das Fruchtfleisch in feine Streifen schneiden.

Das Öl in einer tiefen Pfanne erhitzen. Zwiebel, Knoblauch und Chilistreifen darin angehen lassen, dann den Stockfisch dazugeben und 10 Minuten anbraten. Den Fisch aus der Pfanne nehmen und beiseitestellen.

Die Tomaten in die Pfanne geben, mit dem Kochlöffel zerkleinern und die Flüssigkeit einkochen lassen. Dann den Fisch zu den Tomaten geben, zugedeckt weitere 5 Minuten köcheln lassen.

Die nebenher in 3,5 l Salzwasser fast al dente gegarten Bucatini abgießen und in die Pfanne zu Tomaten und Fisch geben. Alles 1–2 Minuten gut durchschwenken, mit der gehackten Petersilie bestreuen und sofort heiß servieren.

Zu diesem traditionellen kräftigen Fischgericht der kalabrischen Küche passt am besten ein ebenfalls aus Kalabrien stammender trockener **Cirò Bianco**.

Meine Rezepte

Meine Rezepte

Spaghetti mit Brokkoli, Rosinen und Sardellen

Vorbereitungszeit **15 Minuten** – Garzeit **20 Minuten** – Schwierigkeitsgrad **einfach**

320 g Spaghetti – 250 g Brokkoliröschen – 30 g Rosinen – 2 Knoblauchzehen
30 g in Salz eingelegte Sardellenfilets – **5 EL** natives Olivenöl extra – 20 g Pinienkerne
Salz – **2 EL** geriebener Parmesan

Die Spaghetti zusammen mit den geputzten Brokkoliröschen in 3,5 l Salzwasser al dente kochen. Die Rosinen mit warmem Wasser bedeckt 10 Minuten einweichen.

Den geschälten Knoblauch in feine Scheiben, die abgespülten und trockengetupften Sardellenfilets in kleine Stücke schneiden. Das Öl in einer tiefen Pfanne erhitzen. Den Knoblauch darin angehen lassen, dann die Sardellen, die Pinienkerne und die abgegossenen Rosinen hinzufügen. ½ Tasse Wasser angießen, salzen und bei geschlossenem Deckel 5 Minuten köcheln lassen.

Spaghetti und Brokkoli abgießen, in die Pfanne geben, mit dem Parmesan bestreuen und sehr gut durchschwenken. Sofort heiß servieren.

 Ein **Roero Arneis**, ein piemontesischer Weißwein mit unverkennbarer Säure, vermählt sich bestens mit den Sardellen und dem Brokkoli.

Statt des für das Rezept empfohlenen Mangolds kann man auch jungen frischen Spinat verwenden.

Spaghettini mit Mangold, Sardellen und Chilischoten

Vorbereitungszeit **10 Minuten** – Garzeit **15 Minuten** – Schwierigkeitsgrad **einfach**

350 g Spaghettini – **500 g** Mangold – **2** Knoblauchzehen
6–8 in Salz eingelegte Sardellenfilets – kleine rote Chilischoten
4 EL natives Olivenöl extra – Salz – **3 EL** geriebener Parmesan

Den Mangold in feine Streifen schneiden, den geschälten Knoblauch hacken, die Sardellenfilets in Stücke schneiden, die Chilischoten (Menge nach Geschmack) entkernen und ebenfalls in feine Streifen schneiden.

Das Öl in einer tiefen Pfanne erhitzen. Knoblauch, Sardellen und Chilischoten darin anbraten. Den Mangold dazugeben und zusammenfallen lassen. Etwas Wasser angießen, salzen und bei geschlossenem Deckel 15 Minuten garen.

Nebenher die Spaghettini in 3,5 l Salzwasser fast al dente kochen. Abgießen und tropfnass zu dem Mangoldgemüse in die Pfanne geben, 1–2 Minuten durchschwenken. Den Parmesan darüberstreuen und nochmals durchschwenken, sofort heiß servieren.

Ein **Trebbiano d'Abruzzo**, ein strohgelber, samtig aromatischer Weißwein, der gut mit Fisch und Pasta harmoniert, ergänzt auch dieses Nudelgericht mit Sardellen ausgezeichnet.

Meine Rezepte

Register nach Hauptzutaten

Gemüse

Bucatini mit Kartoffeln, Haselnüssen und Safran 40
Bucatini mit Kirschtomaten und Basilikum 51
Fusilli lunghi mit Gorgonzola und Fenchel 35
Linguine mit gerösteten Semmelbröseln und Walnüssen 67
Linguine mit Tomaten und überbackenem Ricotta 31
Maccheroni al ferretto mit Nusssoße und Radicchio 36
Reismehlnudeln mit buntem Gemüse 43
Reismehlnudeln mit Seitan und Erbsen 55
Scialatielli mit Kürbis, Mascarpone und Nüssen 28
Spaghetti mit Aubergine und Tomatensoße 44
Spaghetti mit Chianti-Soße 63
Spaghetti mit dicken Bohnen, Pecorino und Minze 60
Spaghetti mit jungen Brokkoliröschen 48
Spaghetti mit Pesto, Bohnen und Kartoffeln 59
Spaghettini mit Ricotta, Kräutern und Zitrone 39
Spaghetti mit schwarzen Oliven und Kapern 47
Tagliatelle mit Zucchini und Paprika 69
Udon in Brühe mit Shiitakepilzen und Ingwer 56
Vermicelli mit Kartoffeln und Petersilie 64
Vermicelli mit Oliven, Rosinen und Pinienkernen 52
Vollkorn-Spaghetti mit Zucchini und Mandeln 32

Fleisch

Bigoli mit Entenragout 84
Bucatini all'amatriciana 79
Bucatini mit Pancetta und Käse 95
Linguine mit Kaninchenragout und Linsen 96
Maccheroni al ferretto mit Hasenragout und Schokolade 91
Mais-Tagliatelle mit Spargel und Pancetta 83
Pici mit Lammragout, Kirschtomaten und Majoran 71
Reginette mit Erbsen und gekochtem Schinken 80
Spaghetti alla chitarra mit Wurstbrät und Zucchini 75
Spaghetti mit frischen Tomaten und Pancetta 88
Spaghetti mit Zucchini, Parmaschinken und Parmesan 92
Spaghetti nach Art der Köhlerin 72
Spaghettoni mit Lammragout, Artischocken und Pecorino 76
Tagliatelle Bologneser Art 98
Troccoli mit Wurstbrät und Pilzen 87

Meeresfrüchte

Bavette mit Scampi, frischen Tomaten und Limette 132
Bavette mit Spargel und Garnelen 104
Bucatini mit Sardinen 124
Bucatini mit Stockfisch und Tomaten 136
Linguine mit Hummer, Tomaten und Oliven 112
Linguine mit Krake und Paprika 103
Linguine mit Stockfisch und roten Zwiebeln 115
Linguine mit Thunfisch, Aubergine und Kapern 100
Linguine mit Zander und Spinat in Currysahne 131
Reginette mit Thunfisch, Oliven und Kapern 128
Scialatielli mit Lachs und Pistazien 119
Sepia-Spaghetti mit Tintenfisch und Tomaten 107
Spaghetti alla chitarra mit Sardellen und Zucchini 116
Spaghetti alla chitarra mit Schwertfisch und Aubergine 135
Spaghetti mit Bottarga und Orangenschale 108
Spaghetti mit Brokkoli, Rosinen und Sardellen 139
Spaghetti mit Meeresfrüchten 127
Spaghetti mit Riesengarnelen und Buschtomaten 111
Spaghetti mit Venusmuscheln 123
Spaghettini mit Mangold, Sardellen und Chilischoten 140
Spaghettisalat mit Kaviar und Limette 120

Alphabetisches Register

B

Bavette mit Scampi, frischen Tomaten und Limette 132
Bavette mit Spargel und Garnelen 104
Bigoli mit Entenragout 84
Bucatini all'amatriciana 79
Bucatini mit Kartoffeln, Haselnüssen und Safran 40
Bucatini mit Kirschtomaten und Basilikum 51
Bucatini mit Pancetta und Käse 95
Bucatini mit Sardinen 124
Bucatini mit Stockfisch und Tomaten 136

F

Fusilli lunghi mit Gorgonzola und Fenchel 35

L

Linguine mit gerösteten Semmelbröseln und Walnüssen 67
Linguine mit Hummer, Tomaten und Oliven 112
Linguine mit Kaninchenragout und Linsen 96
Linguine mit Krake und Paprika 103
Linguine mit Stockfisch und roten Zwiebeln 115
Linguine mit Thunfisch, Aubergine und Kapern 100
Linguine mit Tomaten und überbackenem Ricotta 31
Linguine mit Zander und Spinat in Currysahne 131

M

Maccheroni al ferretto mit Hasenragout und Schokolade 91
Maccheroni al ferretto mit Nussoße und Radicchio 36
Mais-Tagliatelle mit Spargel und Pancetta 83

P

Pici mit Lammragout, Kirschtomaten und Majoran 71

R

Reginette mit Erbsen und gekochtem Schinken 80
Reginette mit Thunfisch, Oliven und Kapern 128
Reismehlnudeln mit buntem Gemüse 43
Reismehlnudeln mit Seitan und Erbsen 55

S

Scialatielli mit Kürbis, Mascarpone und Nüssen 28
Scialatielli mit Lachs und Pistazien 119
Sepia-Spaghetti mit Tintenfisch und Tomaten 107
Spaghetti alla chitarra mit Sardellen und Zucchini 116
Spaghetti alla chitarra mit Schwertfisch und Aubergine 135
Spaghetti alla chitarra mit Wurstbrät und Zucchini 75
Spaghetti mit Aubergine und Tomatensoße 44
Spaghetti mit Bottarga und Orangenschale 108
Spaghetti mit Brokkoli, Rosinen und Sardellen 139
Spaghetti mit Chianti-Soße 63
Spaghetti mit dicken Bohnen, Pecorino und Minze 60
Spaghetti mit frischen Tomaten und Pancetta 88
Spaghetti mit jungen Brokkoliröschen 48
Spaghetti mit Meeresfrüchten 127
Spaghetti mit Pesto, Bohnen und Kartoffeln 59
Spaghetti mit Riesengarnelen und Buschtomaten 111
Spaghetti mit schwarzen Oliven und Kapern 47
Spaghetti mit Venusmuscheln 123
Spaghetti mit Zucchini, Parmaschinken und Parmesan 92
Spaghetti nach Art der Köhlerin 72
Spaghettini mit Mangold, Sardellen und Chilischoten 140
Spaghettini mit Ricotta, Kräutern und Zitrone 39
Spaghettisalat mit Kaviar und Limette 120
Spaghettoni mit Lammragout, Artischocken und Pecorino 76

T

Tagliatelle mit Zucchini und Paprika 69
Tagliatelle Bologneser Art 98
Troccoli mit Wurstbrät und Pilzen 87

U

Udon in Brühe mit Shiitakepilzen und Ingwer 56

V

Vermicelli mit Kartoffeln und Petersilie 64
Vermicelli mit Oliven, Rosinen und Pinienkernen 52
Vollkorn-Spaghettini mit Zucchini und Mandeln 32

Erstveröffentlichung 2009 unter dem Titel
Spaghetti (ISBN 978-88-6154-211-2)
von FOOD Editore S.r.l. Parma,
ein Imprint von Food S.r.l.
Via Mazzini 6, 43121 Parma, Italien
Telefon: +39(0)521 388510
Telefax: +39(0)521 388517
www.gruppofood.com

Genehmigte Lizenzausgabe
EDITION XXL GmbH ·
Fränkisch-Crumbach 2010
www.edition-xxl.de

ISBN (13) 978-3-89736-025-9
ISBN (10)   3-89736-025-X

Der Inhalt dieses Buches wurde von Autor und Verlag sorgfältig erwogen und geprüft. Es kann keine Haftung für Personen-, Sach- und/oder Vermögensschäden übernommen werden.

Kein Teil dieses Werkes darf ohne schriftliche Einwilligung des Verlages in irgendeiner Form (inkl. Fotokopien, Mikroverfilmung oder anderer Verfahren) reproduziert oder unter Verwendung elektronischer oder mechanischer Systeme verarbeitet, vervielfältigt oder verbreitet werden.

Fotos:
Davide Di Prato

Die Rezepte auf den Seiten 20, 23, 24, 47, 48, 52, 63, 64, 67, 95, 111, 120, 128, 136 sind von Simone Rugiati. Das Foto auf Seite 110 ist von Alberto Rossi.

Übersetzung: Inge Uffelmann